As portas da transfiguração

Dados Internacionais de Catalogação na Publicação (CIP)
(Câmara Brasileira do Livro, SP, Brasil)

Leloup, Jean-Yves
  As portas da transfiguração / Jean-Yves Leloup ;
tradução de Idalina Ferreira. – Petrópolis, RJ :
Vozes, 2019.

  Título original: Les portes de la transfiguration
  ISBN 978-85-326-6006-0

  1. Jesus Cristo – Transfiguração – Meditações
2. Vida espiritual – Cristianismo I. Título.

18-22288   CDD-248

Índices para catálogo sistemático:
1. Transfiguração de Jesus : Vida espiritual :
        Cristianismo   248

Cibele Maria Dias – Bibliotecária – CRB-8/9427

Jean-Yves Leloup

As portas da transfiguração

Tradução de Idalina Ferreira

EDITORA VOZES

Petrópolis

© Éditions Albin Michel, 2018

Título do original em francês: *Les portes de la transfiguration*

Direitos de publicação em língua portuguesa – Brasil:
2019, Editora Vozes Ltda.
Rua Frei Luís, 100
25689-900 Petrópolis, RJ
www.vozes.com.br
Brasil

Todos os direitos reservados. Nenhuma parte desta obra poderá ser reproduzida ou transmitida por qualquer forma e/ou quaisquer meios (eletrônico ou mecânico, incluindo fotocópia e gravação) ou arquivada em qualquer sistema ou banco de dados sem permissão escrita da editora.

CONSELHO EDITORIAL

Diretor
Gilberto Gonçalves Garcia

Editores
Aline dos Santos Carneiro
Edrian Josué Pasini
Marilac Loraine Oleniki
Welder Lancieri Marchini

Conselheiros
Francisco Morás
Ludovico Garmus
Teobaldo Heidemann
Volney J. Berkenbrock

Secretário executivo
João Batista Kreuch

Editoração: Leonardo A.R.T. dos Santos
Diagramação: Sheilandre Desenv. Gráfico
Revisão gráfica: Nilton Braz da Rocha
Capa: WM design
Ilustração de capa: Odilon Redon

ISBN 978-85-326-6006-0 (Brasil)
ISBN 978-2-226-40066-6 (França)

Editado conforme o novo acordo ortográfico.

Este livro foi composto e impresso pela Editora Vozes Ltda.

Sumário

I – A abertura das portas da percepção, 7

A visão, 11

A escuta, 13

Da abertura da mão: da agressão ao carinho, 15

Da abertura da boca: dos sabores desagradáveis aos sabores muito apetitosos, 18

Da abertura das narinas aos perfumes de santidade, 19

Da abertura da pulsão ao desejo de uma sexualidade não aprisionada aos objetos de sua libido, 22

Fase anal: "deixar ir" e arte de morrer bem, 24

Do neocórtex e de seus frêmitos sinápticos, 26

Do sistema límbico e de seus afetos, 29

Da imaginação criadora e da fé não aprisionada, 30

Desejo do Uno: para além do princípio de prazer e da pulsão de morte, 33

II – Os caminhos da transfiguração, 39

A transfiguração de Cristo no Evangelho de João, 43

"A Luz brilha nas trevas (*En te skotia phainen*), as trevas não podem apagá-la", 46

"Ele não é a Luz, mas a testemunha da Luz", 47

"O Logos é a Luz verdadeira que ilumina todo homem", 48

As Epístolas de São Pedro, 52

Os evangelhos sinóticos, 53

Seis ou oito dias?, 55

Pedro, Tiago e João, 58

No topo da montanha, 63

Moisés e Elias, 66

O "delírio" de Pedro: da tenda à nuvem, 72

Olhe – escute, 75

Venha, veja, escute, vá, 82

Expansão ou elevação?, 85

I
A abertura das portas da percepção

A Vida, ninguém jamais a viu, é o corpo que nos faz conhecê-la. Nosso corpo, como o corpo do universo ou qualquer realidade material grosseira ou sutil, é o que a Vida nos mostra por si mesma, apesar de permanecer oculta. É por meio dos corpos que a Vida não manifestada se manifesta, se torna visível, palpável, amável; esses corpos são mais ou menos transparentes à sua energia ou à sua luz, ou mais ou menos abertos ao movimento de seu Ser que se doa. Às vezes, o que deveria estar aberto está apenas "entreaberto", ou obstruído, atravancado; outras, tudo pode estar fechado, não há mais "aberturas" possíveis por onde a Vida infinita poderia se introduzir na forma finita, ou seja, na singularidade e no tempo.

A Vida que se dá está aprisionada, estamos na condição de detidos ou de encarcerados, em licença médica ou em "pausa", ou seja, em idolatria. Nosso corpo, como os estados de consciência ou os diferentes humores que o habitam, pode ser um ídolo ou um ícone.

O corpo ídolo é o corpo no qual a Vida está aprisionada, identificada aos órgãos e à forma na qual ela se manifesta. Torna-se então um "objetivo", um objeto de consumo, de sedução e de posse.

O corpo ícone é o corpo no qual a Vida não está aprisionada, enclausurada em sua representação; ela se dá por meio desta forma, mas esta forma nunca é considerada como sendo o objetivo do desejo, da devoção ou da intelecção. É a própria Vida que é desejada, conhecida e amada por meio desse corpo ou desse universo. O equívoco e a desventura de Narciso é confundir-se com sua própria imagem e se perder e se afogar em seu espelho. A salvação de Narciso seria, depois de ter contemplado sua imagem "objetiva", voltar-se para si mesmo, o que as sabedorias chamam uma conversão ou uma reviravolta (*metanoia, epistrophē*) e ver a si mesmo assim como é, ou seja, invisível e fonte de toda visão.

Esta é uma conversão que o cientista vive vez ou outra quando compreende que aquilo que vê, analisa e mede não é o Real, e volta-se então para a fonte da ciência e do conhecimento, isto é, para si mesmo, e para o Ser – o Vivente que o torna capaz de ciência e de conhecimento.

E da realidade que ele percebe não mais dirá: "É a realidade", e sim: "É o Real que se dá por meio da percepção científica mas relativa que tenho dessa realidade". O mundo, a matéria lhe aparecem então como um ícone, como uma janela aberta para o inobservável, para o infinito inapreensível.

O corpo humano tem dez aberturas, e muitas mais caso consideremos os poros da pele como portas da percepção. Dez é o número da unidade aberta ao infinito, é por isso que nós o escolhemos para simbolizar as múltiplas possibilidades de abertura do ser humano ao que o restringe ou ao que o ultrapassa.

Por isso teremos de considerar antes essas dez aberturas: as sete primeiras parecem muito mais abertas para o exterior, as três últimas para o interior, mas para umas e outras haverá um duplo caminho a percorrer. O corpo, assim como qualquer abertura, é aberto por dentro como por fora. O paradoxo do corpo é ser conhecido tanto por dentro quanto por fora, como interior e como exterior*.

---

* Cf. MERLEAU-PONTY, M. *Phénoménologie de la perception*. Paris: Gallimard, 1945 [reed.: 1976] [TPR].

Nossa proposta de observação e de experimentação para cada uma dessas "aberturas" usará o mesmo processo em sete etapas que cada um poderá desenvolver segundo suas preocupações e interesses:

1) Definir o objeto da percepção.

2) Dar-lhe uma grande atenção.

3) Considerar o "fundo" sobre o qual este objeto se revela.

4) Abrir-se para o infinito.

5) Voltar ao sujeito da percepção.

6) Observar o sujeito.

7) Ir na direção da fonte do sujeito de toda atenção e de toda percepção.

A visão

1) Nossos olhos são feitos para ver o Real ou a Vida que se dá no "visível": tudo que tem forma, tamanho, espessura, cor. Se essas qualidades faltam não há mais nada a ver.

2) Trata-se, portanto, de ver bem o que vemos, de estar atento, com os olhos bem abertos, que isso nos pareça belo ou feio, agradável ou desagradável, ver "objetivamente" o que é, sem julgamento, sem projeção (cf. a *epoché* fenomenológica). Para ver as coisas mais cientificamente, podemos utilizar instrumentos sofisticados que prolongam nosso órgão da visão para contemplar melhor o visível macroscópico e microscópico. A astrofísica e a biologia são desenvolvimentos de nossos modos de percepção objetivos.

3) Esta exploração do visível pode nos conduzir ao "inobservável", que não é o inexistente mas o que permanece fora do alcance de nossa visão e dos instrumentos que a prolongam. Em astrofísica se falará de universos "inobserváveis"; em física

quântica, das ondas e das partículas como "matérias inapreensíveis". Para se aproximar dessa visão do invisível não é necessário, no entanto, ser um grande cientista, basta abrir os olhos e ver o dia no qual as coisas nos aparecem. A luz não se vê e, ainda assim, está sempre ali, diante de nossos olhos, basta observar esse "espaço" entre dois objetos ou "entre nós" e o objeto observado.

4) O próprio ato de ver a luz, e de ver o dia, abre nossos olhos para o infinito. Cada coisa que observamos ou contemplamos, por mais fascinante que seja, é recolocada em seu lugar – é uma realidade e não toda a realidade, é um ser e não o Ser. É percebida então como uma manifestação do Real, epifania ou teofania, não é mais um ídolo, um objeto que nos enche a visão, mas um ícone, um objeto que nos abre a visão. O olhar não é aprisionado pelo objeto que ele vê. Através dele, contempla o invisível e infinito Real. É um momento de transfiguração: mais que a forma das coisas, o que aparece é a luz que habita a forma. Passamos do mundo dos objetos ao mundo das presenças, do mundo das aparências ao mundo das aparições, é a Vida, o Vivente que nos aparece por meio dessa forma frágil que é esse corpo, esse universo.

5) Pode então ocorrer uma reviravolta (*metanoia*, *epistrophē*, *teshuvá*). O que vê, analisa ou contempla essa coisa, esse rosto, essa luz, esse infinito invisível no qual toda realidade se dá como visível? Quem vê isso?

6) Quem é aquele que vê? Qual é sua história, e a projeção inevitável de suas experiências passadas, de suas memórias positivas e negativas sobre o que nos é dado ver e observar? A atenção a ser dada a quem vê, o sujeito da visão, é tão essencial quanto a atenção a ser dada ao objeto visto. Descobrimos então que esse objeto é uma construção ou uma criação do olhar que o contempla. É um "misto" do observador e do observado, de onde Heisenberg extrairá sua noção de "princípio da incerteza". Nunca vemos as coisas assim como são, mas assim como são os instrumentos que as percebem. Vemos as coisas assim como

somos, não podemos fazer diferente. Não há objeto (observado) sem sujeito (observador) e vice-versa, se não há sujeito (observador) não há mais objeto (observado). O que há então? O que é que faz ser essa relação que chamamos realidade?

7) Mais uma vez é preciso dar um passo adiante (*ultreia*) para descobrir, para além do sujeito e do objeto (observador, observado), a Luz ou a Consciência que vê e que se dá a ver. Só a Luz pode ver a Luz. Quando nossos olhos estão no aberto, eles já contemplam isso, "tudo isso", visível e invisível, interior e exterior, sujeito e objeto; tudo isso que é Consciência pura e Consciência encarnada.

A escuta

Há o imperativo: "Olhe e veja", mas há também aquele que nos chama à escuta e à atenção: "*Shemá Israel*", "escute, compreenda", este é o primeiro mandamento ou o primeiro exercício (*mitzvah*) antes da palavra de esperança: "Tu amarás". Ninguém pode amar se antes não olhar, "encarar" o outro e escutá-lo. Sem escuta não há acesso nem à alteridade nem à realidade. Trata-se então de abrir os ouvidos, não apenas ao que o "Espírito diz às Igrejas" (cf. Ap), mas ao que a Vida ou o Real diz ao corpo, ao coração e ao espírito de todo ser humano.

1) A percepção auditiva se interessa pelos "objetos" sonoros; ruídos, cantos, palavras, músicas, trovão, leve brisa...

2) Trata-se de estar atento a esses objetos sonoros que nos rodeiam, e mais particularmente às palavras que nos são dirigidas. Colocar entre parêntesis (*epoché*) as reações que podemos ter ao escutar certos sons julgados agradáveis ou desagradáveis, ou certas palavras, que provocam em nós reações sem relação com as palavras ou os nomes pronunciados; por exemplo a palavra "Deus", a palavra "dinheiro", a palavra "sexo" etc., e todas as imagens

evocadas ao escutá-las. Em certos meios há palavras que não podem ser pronunciadas, nomes que não podem ser ditos, sons que não podem ser emitidos. É sobre certas sonoridades, certos "tons" que se apoiam os edifícios da memória, tanto quanto sobre certos perfumes e sabores. Escutar isso, essa atmosfera, esse clima "sonoro" em que vivemos, sobre o qual se destacam as palavras e as falas que realmente ouvimos, a ponto de dizer que elas nos "tocam".

3) E mais, entre dois sons, duas falas, escutar o silêncio, o que não faz ruído e de onde nascem todos os sons, todas as palavras, todas as falas, todas as músicas julgadas agradáveis ou desagradáveis, positivas ou negativas. Prestar a máxima atenção à qualidade do silêncio de onde emerge o que nos é dado escutar.

4) Assim como a página em branco continua ali, sob nossos rabiscos, nossos desenhos, ou nossas sacrossantas Escrituras, o silêncio também continua ali, quaisquer que sejam as palavras triviais ou sublimes que o ocupam. O céu não é picado pelos mosquitos, o silêncio, como a luz, é sempre puro. Abrir nossos ouvidos para além do que podem ouvir, para esse infinito "obscuro e luminoso silêncio" que está em toda parte e sempre. Escutar isso, a fala e o silêncio, sem jamais separá-los e sem jamais poder confundi-los, nos conduz à próxima etapa.

5) Quem escuta? Quem é em cada um de nós essa testemunha silenciosa, quem dá a todos os sons, a todas as falas o direito e o poder de existir, e ao mesmo tempo não pode se impedir, segundo sua história e suas memórias passadas, de "interpretar" o que é ouvido?

6) O que ouvimos nunca é um som ou uma fala, nunca é senão uma interação entre a qualidade de uma escuta e o que é escutado, entre um "sujeito ouvinte" e um objeto sonoro, som, ruído ou fala, a "escuta", o ouvido mais fino, mais discreto, sempre será um filtro entre o que é dito e o que eu ouço. Por isso que, diante de um mesmo discurso, cada um ouve coisas diferentes, por isso a diversidade das recensões de palavras do Evangelho,

por exemplo. Por isso os antigos dirão: "Bem-aventurados aqueles que escutam as palavras do *Enseigneur**, mais aventurados ainda aqueles que ouvem seu silêncio". Em um registro mais clínico, um psiquiatra poderá afirmar: "Meu paciente está curado quando vejo que ele me escuta. Que me escuta em minha alteridade e não interpreta imediatamente minhas falas no seu próprio delírio ou nas suas próprias referências e que me pede para explicá-las quando não as compreende". A escuta é rara, na maioria das vezes só ouvimos o ruído que fazemos com a fala e a presença quase "ausente" do outro.

7) Dar a mesma atenção a quem escuta e a quem é escutado pode me conduzir ao pressentimento da fonte ou do espaço comum, onde se encontram quem escuta e quem é escutado. A Vida une quem estimula o "boca a boca" e quem de sua diferenciação pode fazer uma harmonia e um diálogo em vez de um conflito em que se confrontam dois monólogos. Escutar a fala do outro não como oposta ou contrária à minha, mas como complementar, escutá-la não só no interior de mim mesmo como também no interior de uma escuta mais vasta, que recoloca tanto meus ouvidos, meus ruídos interiores quanto o ruído ou a fala do outro na música das esferas e no silêncio sempre imaculado onde se desvanecerão todos os nossos desassossegos.

Da abertura da mão: da agressão ao carinho

Tanto a visão como a escuta mantêm o objeto de sua percepção a uma certa distância, ainda que este só seja conhecido no interior do sujeito que observa. Com o tato há contato, depois vínculo e às vezes posse.

1) O objeto do tato é tudo que é "palpável", que podemos segurar, pegar, apertar, guardar sem olhar.

---

* *Enseigneur*: aquele que ensina, guia e dirige [N.T.].

2) Há todo tipo de nuanças no contato, desde o acariciar até o ferir. É importante prestar atenção ao modo como tocamos as coisas e como as coisas nos tocam. Às vezes só as roçamos ou as pegamos com força como se sob nosso poder tivessem de nos revelar seus segredos. Temos também em nós todo tipo de memórias que explicam ou inspiram nossas alergias ou nossas incessantes exigências de contatos. Karlfried Graf Dürckheim dizia aos massoterapeutas: "Nunca toquem um corpo", não se esqueçam de que estão tocando uma pessoa, uma consciência encarnada com sua história, suas atrações e suas repulsões, seus gostos ou seus desgostos. Na unidade de cuidados paliativos, é comum ouvir que "é preciso" tocar os doentes terminais; assim como as crianças, eles precisariam ser protegidos e acarinhados: certamente o primeiro a ser feito seria se interrogar sobre que tipo de criança eles foram e sobre as memórias agradáveis e desagradáveis que nosso "toque" ou contato pode lhes despertar. Não se trata de "ser preciso" ou "não ser preciso", mas sim de "escutar" esse corpo com a mão mantendo-a a uma certa distância para sentir se esse corpo nos chama ou, ao contrário, nos suplica que nos afastemos. Às vezes, trata-se também de superar os tabus de certas educações, tanto quanto e até mais do que para o olhar há interditos de tato: "não toque" não se refere só aos objetos preciosos em um museu. O cuidado no contato pode ser uma prática de meditação profunda, particularmente fecunda para aqueles que têm dificuldades de estar no presente. O tato é um órgão privilegiado de nossa presença no mundo; sentir a terra sob nossos pés, o ar sobre nossa pele, sentir em nossas mãos a presença das emoções ou dos sentimentos que nos habitam: a cobiça, o desejo de posse ou o respeito. Paul Valéry dizia: "Se soubéssemos como é profunda a pele!"

3) Tocar algo ou alguém "profundamente" pode nos revelar nas mais densas realidades, nas mais materiais, um abismo, um

espaço inapreensível. Há algo impalpável em tudo que tocamos. Para Teilhard de Chardin, esta foi sua primeira experiência de "Deus" quando, ainda criança, tocou um morcego de metal: por muito tempo ele falará de seu "Deus de ferro" e seu hino à matéria é também um hino ao Infinito que ele descobre no seio dessa matéria.

4) Com efeito, se prolongamos ou aprofundamos nosso toque da coisa ínfima, podemos pressentir o que hoje é explorado pelos físicos, esses espaços infinitos que separam e ao mesmo tempo unem os átomos, as partículas elementares e as ondas que nos constituem. Somos feitos de energias mais do que de "massas" sólidas. Podemos sentir sob nossas mãos o gelo derreter, o sólido se tornar fluido e o próprio fluido que se evapora. Esse punhado de terra que seguramos nas mãos se revela como espaço. A terra, o minério, nós os sentimos como um pedaço do céu, uma parcela do Infinito. O que uma mão aberta pode "pegar", e não se apegar à coisa, não a reter, a não ser sua luz e não sua sombra?

5) A Consciência e a Vida se dão muito mais à visão, à audição e ao tato silencioso.

6) Mas quando alguém "se volta" para si mesmo, para aquele que toca (o mesmo vale para o olhar e a escuta), descobre que não é um sujeito silencioso que toca o outro ou pega um objeto entre as mãos e contra a pele. Já evocamos as alergias, atrações e repulsões, ligadas à nossa história; não somos inocentes e temos as "mãos cheias". O contato com o outro se revela um contato consigo mesmo e com todo o inconsciente que habita nossa pele (familiar, social, coletivo). Não temos a pele nua. Quem toca?

7) Às vezes nossa mão pode ser a "mão da vida", uma presença pura nos atravessa e essa mão abençoa, consola e cura. Nosso toque vem de mais longe e do mais profundo do que nós e nossas histórias. Talvez já tenhamos sido tocados assim,

não éramos para "essas mãos" um objeto de prazer ou de desgosto, uma carne a ser descartada ou consumida, uma doença, um caso, um tumor a ser operado ou anestesiado, mas uma pessoa. Essa mão nos reconhecia ou nos conhecia com respeito e benevolência, às vezes essa mão pode "tocar" em nós algumas profundezas que nos são desconhecidas. "Antes de me tomar em seus braços, eu não tinha corpo ou meu corpo não existia realmente." A brutalidade ou a falta de tato podem nos reduzir ao estado de objeto sem alma, de cadáver, um toque franco e silencioso pode também despertar a energia de vida em um corpo, ressuscitá-lo de alguma forma. Não são mais apenas dois corpos que se tocam, duas pessoas que se encontram, são duas energias que se iluminam na luz fonte que os une. Foi assim que Serafim de Sarov e Motovilov se descobriram na presença Una da luz que os transfigurava.

Da abertura da boca: dos sabores desagradáveis aos sabores muito apetitosos

1) A boca, a língua e o palato são considerados como órgãos do paladar, seu "objeto" são os diversos sabores que os alimentos podem ter, mas também a boca e a saliva do outro no beijo. Há ainda certos sabores, doces ou amargos, que parecem vir do interior, dos humores físicos de nosso corpo ou de determinados estados emocionais.

2) A palavra "sabedoria", *sapientia*, vem do verbo *"sapere"* em latim, que quer dizer degustar. O sábio é aquele que tem paladar, aquele que sabe degustar o sabor do Uno no múltiplo, mas também a singularidade de cada coisa, sua irreversibilidade. Esse gosto, esse sabor que nunca mais reencontraremos. O sábio tem paladar pelo Uno e pelo Outro.

3) É como "sabores" que os místicos sufis podem se referir aos diferentes estados de consciência pelos quais o peregrino

passa ao longo do caminho iniciático. Há também sabores totalmente naturais, materiais, aos quais se deve prestar atenção para se tornar um *gourmet* e não um guloso. Pois a gulodice pode ser uma fixação na fase oral e uma dependência em relação a certas drogas ou alimentos, que é uma forma de idolatria. Há também sabores mais imateriais cujo gosto às vezes nos escapa, como o da água, do ar que respiramos. Tornamo-nos sensíveis ao que é sem tempero, sem gosto particular e mesmo sem "graça".

4) Mais uma vez, parecemos nos aproximar, pela abertura desta importante porta da percepção que é a oralidade, de um "sabor sem sabor"; sabor que não poderíamos definir e que seria o de um infinito silêncio. Pois embora as palavras tenham seus sabores açucarados, ácidos, amargos, elas podem nos conduzir para um além de todo sabor, de toda sonoridade, "o sabor do silêncio" de onde vêm e para onde retornam.

5) Mas o íntimo daquele que "degusta" como daquele que fala nem sempre é silencioso. Também neste caso cada um tem sua história, com seus gostos e seus desgostos, esses sabores que o fazem vomitar ou que o extasiam.

6) Mais uma vez, será preciso passar pelo sabor das iguarias e das palavras da infância, os sabores variados, condimentados, sem graça ou picantes que desta vez não aderem à pele mas ao palato e nos impedem de degustar esse sabor do silêncio de que nos falam os sábios e os místicos.

7) Mas o silêncio está sempre ali, bem como o sabor puro, esse "gosto de viver" inapreensível que por vezes vem ao nosso encontro no presente e nos deixa de "boca aberta" no Aberto.

Da abertura das narinas aos perfumes de santidade

A própria Vida é experimentada por meio de nossos sentidos: segundo a abertura e a capacidade de nossos instrumentos de percepção o mundo aparece diferentemente. Uma mosca certamente não percebe o universo da mesma forma que o ser humano e, no entanto, é o mesmo universo e é a mesma Consciência/Vida que estão em ação. É pelos sentidos, suas possibilidades e seus usos que cada "mundo" se apresenta em sua singularidade e em sua diferença.

1) O universo olfativo de um animal é, sem dúvida, mais rico do que o de um ser humano. Ele vive em um mundo de odores portadores de informações que as narinas humanas não podem perceber e, ainda que por vezes não tenha faro, o homem, no entanto, tem nariz, e é sensível aos odores e aos perfumes. Alguns dizem até mesmo que é pelo olfato que ele encontrará o paraíso. Como se a presença do Ser não fosse só uma luz, um som, um sabor, mas também um "odor agradável"; o Bem, o Verdadeiro e o Belo são recebidos e são dados por meio de nossos sentidos. É pelos sentidos que esses "transcendentais" entram na vida concreta, é por eles que a transcendência se faz imanência, que a vida incriada infinita se manifesta na vida criada, finita.

2) Prestar atenção aos odores e aos perfumes que nos cercam nos faz entrar naquilo que as realidades têm de mais sutil, de mais sutil e por vezes de mais invasivo. Pois se podemos fechar os olhos diante do que não queremos ver, tapar os ouvidos para o que não queremos ouvir, não entrar em contato com o que não queremos tocar e fechar a boca ao que não queremos degustar, podemos fechar as narinas ao que não queremos sentir? Sem dúvida, mas por pouco tempo, ou corremos o risco de sufocar. Os odores e os perfumes entram em nós com o ar que respiramos. Foi para lutar contra essas "agressões" que foram inventados tantos desodorantes que nunca conseguirão totalmente nos evitar, ou nos privar do odor da Vida com suas diferentes composições e decomposições. Ao caminhar silenciosamente à noite com alguém, quando a escuridão o desvia de nossa visão e quando até uma distância ínfima o afasta de nosso tato, às vezes

conseguimos sentir "o odor de seu ser". De um perfume, não dizemos que ele é uma "essência"?

3) Qual é então essa essência que assim se dá a respirar, a receber e a dar, depois de ter atravessado todo tipo de odores agradáveis ou desagradáveis? Aproximamo-nos mais uma vez do inapreensível, pois nossa respiração não sente o "sopro", ele é particularmente inodoro, e também sem sabor.

4) E, no entanto, é ele que nos faz viver, nos carrega desde o nascimento e nos mantém em pé. Compreende-se por que a atenção à respiração é em todas as grandes tradições espirituais da humanidade um meio privilegiado de despertar. Prestar atenção à nossa respiração coloca-nos, de certa maneira, em contato com o Infinito de onde ela vem e para onde ela vai. Prestar atenção ao espaço entre o expirar e o inspirar: esse instante de puro silêncio é a presença mesma da origem ou do infinito "em quem temos a vida, o movimento e o ser". No momento de nossa morte vamos para onde já estamos desde sempre: no final de nossa expiração, assim como no momento de nosso nascimento emergimos dali onde estamos desde sempre: no começo de nossa inspiração.

5) Respirar conscientemente, sentir o perfume e o sabor do sopro que nos atravessa, abrir-nos a esse espaço infinito de onde ele vem e para onde vai nos leva de volta ao sujeito da percepção que respira. Quem tem essa consciência de respirar?

6) Descubro então que não há odores bons ou maus, como não há respirações boas ou más, há a Vida que se dá a respirar e a sentir, a experimentar, quer seja no gozo ou no sofrimento (podemos observar o que uma e outra podem modificar no ritmo da respiração). Minhas atrações e minhas repulsões nesse campo e em muitos outros me informam sobre minha história e suas projeções. Cada um de nós tem suas reservas de bolhas malcheirosas e de odores de santidade, mas para além de todas essas reservas podemos nos aproximar da fonte de tudo que é sentido.

7) Qual é esse Ser, essa Consciência, esse Amor (*sat cit ananda*), esse Uno que nos faz respirar, ser conscientes do sopro que respiramos e saborear todos seus perfumes? Quem é esse grande perfumista? A resposta está em nossas narinas, e está no vento.

Da abertura da pulsão ao desejo de uma sexualidade não aprisionada aos objetos de sua libido

Não há prazer humano sem consciência e a consciência do prazer é mais do que um prazer. A Consciência, a Vida se experimentam no prazer que o corpo conhece, por meio da abertura de seus cinco sentidos. Podemos considerar a sexualidade com um sexto sentido, um lugar privilegiado onde a Consciência e a Vida se encarnam e se transmitem?

1) Alguns, como Schopenhauer, veriam na libido e na sexualidade a natureza em ação na sua "vontade" de se reproduzir. O tema da pulsão de vida e do princípio de prazer que lhe é associado será retomado por Freud. O objeto da sexualidade seria então a expressão fecundante e fecunda da presença da Vida no ser humano; e o sinal de que "isso é bom" se manifesta pelo prazer que ele experimenta em sua passagem.

2) Ao prestar uma especial atenção aos movimentos da libido (ou energia de vida) que animam a sexualidade humana, é possível observar que a sexualidade é também o lugar do outro em mim; não sou completo e feliz sozinho; é pela minha relação com o outro que me realizo e que posso aceder a um prazer mais vasto do que o do prazer solitário e descobrir que esse prazer pode me conduzir, se não for determinado e buscado para si mesmo, à felicidade de uma relação. Princípio de prazer e princípio de realidade não são, neste caso, opostos, pois o real é o outro e porque é com o outro que posso conhecer o prazer mais comum ou o mais intenso. Assim o desejo que habita a sexualidade ou a libido pode ser não só desejo de gozo ("descarga",

como pensava Freud), desejo de ser desejado, mas também desejo do outro, desejado para si mesmo. Mas isso já não é Amor?

3) De fato, o "fundo" do qual emergem o desejo e a pulsão sexual não é só o vitalismo ou a vontade de potência, mas uma consciência e um amor que o tornam "capaz do Outro". Esse outro, jamais redutível a um objeto que se poderia possuir; o que mantém nosso desejo no aberto está mais vivo nessa abertura do que na apropriação que por um instante será sua "pequena morte".

4) Todo desejo é desejo de infinito e não terá trégua enquanto não descansar nesse infinito, "Pois eu te amo, ó eternidade", dizia Nietzsche: mais do que os objetos passageiros e transitórios que despertaram esse desejo, que o despertaram mas não podem satisfazê-lo. Às vezes exigimos demais da sexualidade. Embora especialista em prazeres fugazes, ela não pode nos dar a beatitude e a paz. Não podemos exigir da sexualidade o que o Amor e a Consciência puros podem nos dar. E, no entanto, quando é o Amor e a Consciência que se expressam por meio da nossa libido, o prazer experimentado é um poderoso eco da pura presença do Uno.

5) Quem deseja? Não é a própria Vida que se deseja? Com essa reviravolta, torno-me livre em relação aos objetos do desejo, meu desejo mais íntimo não depende deles e, portanto, não pode sofrer quando me faltam. No Evangelho de João, o itinerário da mulher samaritana é conduzido pela direção do *Enseigneur* como "Mestre do desejo" dos objetos variados ou variáveis do desejo simbolizados pela água e pelas riquezas materiais. "Aquele que bebe desta água jamais se saciará, sempre terá sede." As mais belas riquezas afetivas ainda não conseguem alcançar a plenitude. E as riquezas religiosas, ainda que justas, ainda não dão a paz. Não é aqui nem ali; é no Sopro consciente (*en pneumati kai aletheia*), na presença do "Eu sou" que encontramos a realidade e a paz. A realidade da relação que experi-

mentamos com a fonte de tudo que vive e respira (que Yeshua chama seu "Pai" e nosso "Pai").

6) Se estamos conscientes da presença do "Eu sou" que deseja em nós, nossa sexualidade pode ser transformada e transfigurada (não apenas sublimada), ela participa do movimento da Vida que se dá, mas também aqui quantas memórias pessoais transgeracionais e coletivas a atravessar! Nossa libido não é imune aos séculos de desconfiança ou de desprezo que a atormentaram e perverteram. Mas a fonte que estremece no fundo da cloaca é sempre pura. Tudo que não é aceito, assumido, não é transformado. À nossa sexualidade como a todos os elementos do composto humano precisamos dirigir o olhar da filocalia, que é o próprio olhar de YHWH/Deus no livro do Gênesis: "Ele viu que isso era bom, que isso era belo" (*tov* em hebraico, *kalos* em grego).

Fase anal: "deixar ir" e arte de morrer bem

Pode parecer estranho falar da região do períneo e do ânus como um lugar de teofania, no entanto o termo sacro que designa essa região do corpo humano deveria chamar nossa atenção sobre seu caráter ao mesmo tempo sagrado e secreto.

1) O que percebemos do real, por meio dessa abertura do corpo, cuja função de excreção ou de evacuação é vital e necessária à saúde?

2) Se prestarmos atenção aos diferentes processos que ali acontecem, descobriremos que "tudo que é composto deve ser decomposto". A decomposição, isto é, a morte, é necessária à vida.

3) Nossa repugnância em relação à matéria só se compara à nossa repugnância em relação à morte e à nossa podridão próxima que, no entanto, já dá para sentir. Aceitar isso é aceitar nosso ser mortal como lugar de passagem da Vida. Reter nossas

matérias, impedi-las de circular, é impedir a morte de fazer seu trabalho em nós. Freud, no final de sua vida, fala da pulsão de morte, "para além do princípio de prazer". O que a vida deseja em nós não é só o prazer, é também a morte, o retorno a esse inorgânico que precede todas as formas e órgãos que nos constituem. Também há em nós, mais forte do que qualquer gozo, um desejo de "nirvana" (é a palavra usada por Freud) que é dissolução, decomposição do corpo e de todos os prazeres e gozos, mas também sofrimentos que a eles estão vinculados. O que ele não diz é que o nirvana, de acordo com o sentido tradicional do termo e sob sua forma mais elevada, é despertado para a vida infinita.

4) A decomposição do corpo, a morte assim como a concebemos naturalmente, é na verdade uma passagem, uma abertura para o infinito. Essa consciência não é reservada aos masoquistas e àqueles que cultivam sentimentos ou pensamentos mórbidos, e sim a todos aqueles que escutam seu corpo em seu vir a ser e em suas dimensões mais triviais: foi na "toalete" que Martinho Lutero, um monge tenso, irritado por suas asceses e seus estudos, conheceu a experiência da graça. Será que se pode dizer que foi em uma experiência de "deixar ir" psicocorporal que um homem bloqueado, "constipado" de diversos modos, se abriu para a graça, isto é, para o movimento da Vida que se dá? A Vida que se dá até na morte e na decomposição? A própria aceitação disso o libertou de sua angústia.

5) Os surrealistas talvez tenham razão de representar *O Pensador* de Rodin sentado em um vaso. Esse é também um lugar de reviravolta, de metanoia (de todo modo, foi assim para Lutero). Quem se decompõe? Quem morre? O que morre quando morre meu corpo? Meu ventre e seus lugares de evacuação já sabem algo sobre isso. Será preciso se "esvaziar" totalmente de todas nossas matérias para sabê-lo de verdade.

6) Claro que não é preciso fazer do "vaso" o melhor lugar de revelação metafísica, mas não deixa de ser um bom lugar para se interrogar concreta e fenomenologicamente sobre nossa identidade de sujeito. Quem vive? Quem morre? Assim como a criança na fase dita anal descobre que é mais do que seu corpo que se decompõe e aprende a não usar fraldas quando não mais se identifica com suas matérias, será que também o ser humano no momento da morte pode descobrir que aquele que sabe que está morrendo é maior do que a morte? A consciência da morte transborda nosso corpo mortal.

7) E é em direção à fonte dessa consciência que estamos caminhando, deixando aqui as substâncias e os agregados de que fomos compostos. O que é matéria/pó retorna à matéria/pó, o que é luz/Espírito retorna à luz/Espírito; é o que o ânus nos ensina, esse sétimo sentido que mais completa do que nega o ensinamento daquilo que chamamos sexto sentido – o sexo. Pulsão e desejo de vida (*eros*) e pulsão e desejo de morte (*thanatos*) se inscrevem incessantemente no nosso corpo. A aceitação de suas mensagens contraditórias pode nos conduzir para além daquilo que chamamos morte e daquilo que chamamos vida, para além do mental e para além das palavras. Para além da própria "coincidência" dos "contrários", que é no tempo um eco de uma sincronicidade muito elevada, a do finito e do infinito ou, na linguagem imagética dos textos inspirados, da terra e do céu. Que a Vontade da Vida e do Ser "que é o que é" se realize na terra como no céu, no corpo mortal como no corpo "não nascido, não feito, não composto" que é o nosso "Eu sou" verdadeiro.

Do neocórtex e de seus frêmitos sinápticos

Geralmente o cérebro não é considerado como um órgão entre os outros órgãos ou membros do corpo, pois em certas representações ele daria a impressão de coordenar o funcionamento de todos os órgãos e membros do corpo, como se a consciência não pudesse jamais se expressar fora dele. Lembremos que a vida surgiu há cerca de 3,5 bilhões de anos e os primeiros organismos multicelulares há 650 milhões de anos. Mas o que querem dizer essas datas e essas medidas? Quem as dá e as mede? Poderia a consciência infinita ser "definida" assim em datas e medidas finitas, determinadas por instrumentos de medição finitos e limitados? Ou seja: no cérebro e em outros órgãos do corpo que estão em constante evolução? Dessa evolução da vida e da consciência nele, o cérebro guarda alguns vestígios. Fala-se do cérebro reptiliano ou paleoencefálico como de nosso cérebro mais arcaico, ligado às pulsões que temos em comum com os animais; depois do cérebro paleomamaliano ou sistema límbico, ligado às emoções e sentimentos de que também são capazes os mamíferos e outros animais considerados como mais evoluídos; e, por fim, do cérebro neomamaliano o mais recente, o córtex com seus dois hemisférios e o corpo caloso que os une. É evidente que não é o cérebro que conhece o cérebro. Como ele seria objeto de si mesmo? O olho não se vê a si mesmo, a mão não se toca a si mesma, toca-se ao ser tocada. O cérebro se conhece a si mesmo quando é "ligado", "informado". Quando a consciência se retira, ele é um órgão entre outros, decompõe-se. O que demonstra, mais uma vez, que para o cérebro, como para o resto, nada existe fora da Consciência.

1) Mas qual é então o objeto que a consciência está buscando por meio desse modo de experiência particular vivido pelo cérebro e, mais particularmente, pelo seu neocórtex ou córtex pré-frontal? O que ele é capaz não mais de "perceber", como por meio dos sentidos, mas de "conceber"?

2) Ao observar os diferentes modos de funcionamento do neocórtex podemos observar sua capacidade de abstração, de análise, de sínteses e de memorização. O hemisfério esquerdo parece ter se especializado no tratamento linguístico, racional,

temporal das realidades e o hemisfério direito em um tratamento mais global, sintético, espacial dessas mesmas realidades – sabendo que os dois hemisférios funcionam em estreita colaboração para nos dar uma imagem aceitável daquilo que é, para que a isso chamemos realidade.

3) Mas no fundo, ou nas profundezas, a consciência sabe que essas imagens ou produções do cérebro são realidades (ou verdades) relativas, não a realidade (ou verdade) absoluta ou infinita, que seus limites o impedem "naturalmente" de conhecer.

4) Para o cérebro, ou para nossa visão racional, objetiva do real, o reconhecimento de seus limites não poderia ser a ocasião de uma abertura ou de uma metanoia, passagem para além do que ele pode pensar ou conceber (sem nada perder daquilo tudo que pode ser pensado ou concebido)?

5) Quem pensa? Quem analisa? Quem raciocina? Quem conceitualiza? Penso: Mas quem é esse "Eu sou" que pensa? Esse ser, essa consciência, capaz de pensar? Ou seja: essa consciência "paranoica" que vê todas as coisas como extensões e objetos de seu pensamento, em uma forma de "objetivação mental".

6) Só a "metanoia" pode nos libertar, nos desvencilhar da "paranoia" em que estamos ao cessar de confundir nossas representações ou conceitualizações do Real com o próprio Real.

7) Mas o que acontece quando se interrompe esse modo de funcionamento do cérebro e da consciência que se projetam, fazendo aparecer "objetos" ali onde não há, há somente energia e, para além da energia, informação, e para além da informação, o silêncio... O que faz com que desse silêncio emerjam informação, energia, ondas e partículas, átomos, moléculas, células, organismos e esse órgão – derrisório e frágil na profusão dos multiversos – que se coloca a questão? Todo esse lento trabalho dos milênios e das evoluções para chegar a esse leve frêmito neuronal, a esse pequeno jogo de sinapses em que a consciência angustia, brinca e zomba dela mesma?

Do sistema límbico e de seus afetos

Ao lado do córtex pré-frontal que elabora projetos, dirige a ação, há o sistema límbico que hoje é considerado como nosso cérebro afetivo e emocional. Órgão de uma relação menos intelectual e menos "objetivante" com o Real, ele é considerado muito mais como captador de informação subjetiva. Fora do sistema límbico, inúmeras partes do cérebro intervêm nas emoções. Os "gânglios da base", que têm aglomerados celulares, intervêm nas recompensas e na busca de estímulos. O hipocampo cria novas lembranças, detecta os perigos. A amídala reage especialmente aos estímulos com forte carga emocional ou negativa etc. Todas essas observações nos lembram que a realidade subjetiva, assim como a realidade objetiva, é "construída" pelo nosso cérebro, o Real nos aparece através desse filtro, que não é um espelho passivo, mas um espelho criador daquilo que nele se reflete.

1) Qual é o objeto que nosso sistema límbico tenta capturar ou produzir, se não é, para além e por meio do prazer, um sentimento de plenitude e de felicidade, e o evitamento da dor e do sofrimento?

2) Se nosso paleoencéfalo deseja a vida, se nosso neocórtex busca a luz, nosso sistema límbico está em busca de amor. A estrutura ternária de nosso cérebro parece organizada à maneira da estrutura ternária do Real: Vida, Consciência e Amor, indissociáveis.

3) Assim como o intelecto pode ser "aprisionado" por certas representações ou conceitualizações da realidade que ele toma como realidade, o afeto pode ser aprisionado por certos objetos de emoção e de sentimentos que ele tomará como amor e felicidade de sua vida.

4) O apego aos afetos, assim como o apego aos conceitos ou aos perceptos, cria a objetivação e a idolatria. O desapossamento do afeto, o não apego a suas emoções, sentimentos sempre

transitórios e passageiros, mas também a não rejeição e o não desprezo dessas mesmas emoções e sentimentos, mantêm o espírito – mas poderíamos dizer também o coração – livre e disponível para uma acolhida mais vasta. A afetividade não mais aprisionada pelo objeto de seu amor pode se abrir para o infinito. O coração não aprisionado pelo que ama é libertado das idolatrias e das inúmeras paixões que o adoecem (cf. a etimologia da palavra "patologia" que se apoia na palavra "*pathos*").

5) Amar não é mais então se tornar dependente de um "objeto" amável ou adorável, um objeto "digno" de nosso amor, amar é aprender a se tornar amante quaisquer que sejam os objetos que se ofereçam à nossa percepção.

6) O amor não é mais estimulado do exterior, é obra do sujeito amante. O sistema límbico, ou o "coração" no sentido metafísico, não é a presa, vítima feliz ou infeliz, das emoções e sentimentos provocados pelo seu entorno, é o criador desse entorno. É o "amor filosofal", o coração que "transforma" tudo que ele "toca", isto é, tudo que ele ama – da matéria bruta, do chumbo, ele faz ouro e luz.

7) De onde lhe vem esta capacidade, este dom que por meio do sistema límbico o torna capaz de fazer milagres? Ao contrário do intelecto e do neocórtex, o sistema límbico não questiona, surpreende-se com essa grande bondade e compaixão que às vezes o atravessam, esta "Consciência mãe" que, por meio dele, considera todas "realidades" como seus filhos.

Da imaginação criadora e da fé não aprisionada

É difícil situar no cérebro o lugar da imaginação, certamente porque ela estimula tanto o neocórtex quanto o sistema límbico: afetos, conceitos, perceptos nela se unem para produzir imagens fortes, capazes de "presença".

1) Qual é o objeto e a função da imaginação a não ser, com efeito, produzir imagens nas quais podemos "acreditar"? As imagens são muitas vezes mais fortes do que os conceitos e os afetos e, de certa forma, "orientam" estas últimas. A imaginação, como a fé, é uma função particularmente "criadora" do cérebro. Essas representações do real nele adquirem uma força de presença quase autônoma.

2) Se lhes prestarmos um pouco mais de atenção, as imagens não têm mais realidade do que as ideias, as emoções e as sensações. As mais sutis como as mais grosseiras se revelam como nada além do que pensamentos. O pensamento de Deus é só um pensamento, a imagem de uma coisa, de uma pessoa ou de um absoluto é só uma imagem e amamos, e cremos nessas imagens, como cremos e amamos nossas ideias e nossas percepções.

3) É correto, então, considerar "o fundo" sobre o qual aparecem essas ideias e essas imagens como a tela da consciência imaculada onde se projetam os dramas floridos ou cruéis de nossas histórias.

4) A consciência "não capturada", não subjugada pelo filme que ela está se projetando, pode interromper sua representação sempre que quiser. A tela infinitamente virgem, o silêncio que é o fundo sem fundo da consciência, pode então se revelar.

5) E, mais uma vez, dá-se um retorno à fonte de todas nossas projeções. O que imagina o Real? O que lhe confere todas essas formas feias, belas e variadas? De onde vêm todas essas representações que acreditamos ser o mundo, a natureza, o homem ou Deus?

6) O que impõe determinações, distinções, aparições? O que é que rasga o vestido sem costura do Real único em mil e uma imagens?

7) Quem encontrou a fonte de sua imaginação e de sua fé certamente encontrou seu Senhor e seu Deus, a imaginação

criadora que cria os mundos, a Consciência "Pai e Mãe" de tudo que existe. Pois tudo que existe só existe imaginado, representado. O corpo que imagina, o corpo e seus três cérebros, o próprio corpo é só um sonho dessa imaginação, e a imaginação um frêmito da consciência e a consciência a onda primordial que emerge do silêncio. Será preciso resumir o processo pelo qual "a Consciência se faz carne", pelo qual a informação toma corpo, o processo pelo qual o Infinito se revela e se experimenta em uma forma fina e em uma matéria determinada e transitória? Será preciso se lembrar, principalmente, do exercício de abertura de todos os poros e portas da percepção que constituem nosso corpo? E essa "ética do Aberto", sem angústia, quando a perda e a morte são aceitas, quando o espírito é esvaziado de todas suas avidezes, de suas necessidades de "captura" do Real (explicação, sensação, imaginação, conceitualização, representação etc.) e o aceita como inapreensível e sem fundo: Infinito, ou seja, nem ser nem não ser, para além de toda afirmação e de toda negação, e deixa enfim ser tudo aquilo que é. Essa ética do Aberto ou do Infinito é, com efeito, a do *Gelassenheit*, do "deixar ser" evocado por Mestre Eckhart e por todos os grandes visionários do Oriente e do Ocidente (artistas, cientistas, filósofos ou místicos).

* * *

1) Ver o que vemos, mas manter o olhar não aprisionado pelo que ele vê; aberto ao invisível.

2) Ouvir o que ouvimos, mas manter a escuta não aprisionada pelo que ela ouve; aberta ao silêncio.

3) Tocar o que tocamos, mas manter o tato não aprisionado pelo que ele toca; aberto ao impalpável.

4) Degustar cada sabor, mas manter o paladar não aprisionado por nenhum sabor; aberto ao que, em cada um, está além de todos os sabores.

5) Respirar todos os odores, mas não se inebriar com nenhum; deixar as narinas abertas aos perfumes inapreensíveis.

6) Desejar tudo que desejamos; mas não ser aprisionado por nenhum objeto do desejo; manter o sexo aberto a um encontro não possessivo, a um gozo de comunhão mais do que de consumo.

7) Deixar se decompor tudo que deve ser decomposto, mas não ser aprisionado pela morte; manter o corpo aberto ao espaço que não é quebrado quando se quebra sua morada.

8) Conhecer o que conhecemos, mas não ter a inteligência aprisionada pelo que conhecemos; não tomar como Real o pouco que podemos compreender, manter a razão não petrificada em suas medidas e em seus cálculos, manter a inteligência aberta a um além do conhecido.

9) Amar o que amamos, mas não ter o coração aprisionado por aquilo que ele ama; mantê-lo no aberto, amor sem fim e, no entanto, tranquilo.

10) Crer no que acreditamos, imaginar sem ter o coração ou o intelecto aprisionados pelo que eles creem ou imaginam; não idolatrar nenhum ser, nenhuma presença.

11) Manter o corpo, o coração e o espírito no Aberto, morada do Inacessível Uno, infinito Silêncio.

12) Ser o corpo manifestado, encarnado da Vida, da Consciência e do Amor, aqui, agora e sempre.

Desejo do Uno: para além do princípio de prazer e da pulsão de morte

Para além do princípio de prazer e da pulsão de morte, há em todo ser um desejo de Infinito*. Essa unidade ou unicidade

---

* Cf. *Pleroma* e *kenosis*, *eros* e *thanatos*, esse processo de morte e de ressurreição pelo qual vamos na direção desta unidade diferenciada (nem mescla nem separação) que é o Infinito Real.

do Real, podemos realizá-la de diferentes formas: podemos buscá-la por meio do prazer, celebração do Uno por meio dos sentidos, momento de unidade e de interpenetração entre o olhar e seu objeto: sensação de beleza. Entre a escuta e seu objeto: música sublime. Entre o paladar e seu objeto: sabor inefável. Entre o tato e seu objeto: contato prazeroso ou extático. Entre o olfato e seu objeto: perfumes que alargam a respiração. Por meio também da sexualidade e seus momentos de dualidades superadas; por meio do "deixar ir", relaxamento do ânus e do sacro sem dissolução.

A unidade, podemos buscá-la no nível do intelecto, descobrir racional e cientificamente a unicidade, a inter-relação, a interconexão de todas as coisas. A contemplação do Uno é um dos prazeres mais elevados para a inteligência; passagem, por meio do Logos, do caos ao cosmos, assim como do *chronos* temporal ao *kairós*: a inteligência discerne no tempo cronológico, que nos envelhece e nos destrói, o *kairós*, o instante favorável que é reconhecimento do Uno, sempre e em toda parte presente – "o Eterno é Uno".

O Uno, nós também o buscamos por meio da imaginação de uma harmonia entre tudo e todos; não estamos então só em relação com conceitos sublimes, mas com uma presença real, uma representação do Uno e do Infinito por meio de uma forma ou de um rosto "senhorial", "Adonai, o Senhor é Uno". Mas há também formas violentas e cruéis, destrutivas ou redutoras de buscar o Uno: reduzir o outro a si ou ao mesmo torturando-o, aniquilando-o, antes de se destruir a si mesmo – o outro ou si mesmo, é sempre um ser a mais. Só o Uno, ou seja, o nada, o não ser e não outro, deve subsistir.

Nesse processo, é a pulsão de morte que está em ação: reduzir o outro e si mesmo ao inorgânico de onde viemos e para onde vamos. Será esse um prazer mais elevado do que o do princípio de prazer, para que o homem lhe seja tão apegado por meio de guerras, torturas, crimes e Inquisição? Prazer que o sádico e o masoquista conhecem? Prazer que não está dissociado do "prazer anal" ou prazer (e necessidade) de decomposição do corpo e de desconstrução do sujeito, redução do eu ao infame ou ao informe, triunfo do Uno pela morte, acesso ao sem acesso, abertura ao Infinito. Apesar disso, não devemos esquecer o modo de realização da unicidade do real que chamamos Amor ou ainda Relação ou Aliança, que não é o da fusão e da indiferenciação ao qual parece tender o princípio de prazer, nem o da redução, da dissolução ou da decomposição, próprio da pulsão de morte.

Nem fusão nem aniquilação. Amor, Relação, Aliança são um modo de unidade que transcende a separação e a mescla; o Uno permanece diferenciado, ele não destrói a forma, nem se reduz a ela. Contém e é então o Todo, sem jamais se identificar com ele.

Entramos nessa qualidade de relação e de unicidade ao testemunhar um quarto "estado de consciência", que não é apenas a consciência ordinária (em que os pensamentos e os objetos nos aparecem distintos e separados, e mesmo opostos). Nem a consciência de sonho em que o tempo e os objetos podem ser mesclados. Embora todo sonho seja realização de um desejo, podemos perceber nele o desejo de unidade em ação, quer por "belos sonhos" quer por pesadelos que nos despertam e nos fazem tomar consciência de nossos estados de "conflito" ou de não unidade com si mesmo ou com o entorno. Há, em seguida, a consciência do sono profundo, em que não há separação nem mescla possível, o que é é. Mas trata-se de uma consciência "inconsciente" da unidade. Há, por fim, esse estado de consciência que podemos chamar "Consciência pura" e que não é, rigorosamente, um estado, um estado de consciência particular, mas, talvez, um estado de consciência que contém todos os estados, o da consciência ordinária, o do sonho e do sono profundo. Esse estado contém a visão da separação, da mescla e do indiferenciado, não opõe essas diferentes visões, são manifestações de uma única Consciência.

Neste ponto, encontramo-nos para além do princípio de prazer que se funde e se mescla ao Todo para ser o Uno e o Todo; para além da pulsão de morte que destrói tudo para ser o único Uno e o único Todo. (Observe-se que todos os fanatismos, terrorismos e totalitarismos são os joguetes ou os instrumentos dessa pulsão de morte. São também formas derivadas de sadismo e de masoquismo.) O desejo do Uno não se realiza em plenitude (*pleroma*) senão na realização do Ser, percebido, reconhecido, amado como Relação ou como Aliança, seria o *Ágape*, o Ser que é Vida, Consciência, Amor, Unitrindade, o Ser-relação de que nos falam os evangelhos? Pelos sentidos queremos realizar no exterior o que na onisciência de nosso inconsciente já sabemos: "Tudo é Uno". "*Adonai Ehad*", diz o texto bíblico: Adonai, o Senhor YHWH, o Ser que é Aquele que é e que faz ser tudo que É, é o Uno, o *Ehad*. Poderíamos assim celebrar a unicidade do Real não só pela escuta, *Shemá Israel*, mas também por todos os nossos poros, por todas as aberturas de nosso corpo não obstruídas, não aprisionadas:

Escute, você que tem ouvidos para ouvir, escute o Uno presente. Não dedicamos tempo para escutar a presença do Ser que está aqui, para escutar "o som" do Ser que ressoa através de todas as realidades múltiplas e diferenciadas (*per-sonare*), o som primordial. Escute, para além dos ruídos interiores ou exteriores, o som fremente, próximo do silêncio, os harmônicos do Uno. "*Ephatá*, abra-se", não seja surdo ao chamado.

Olhe e veja, você que tem olhos de ver. A luz é Una, toma diferentes formas e ilumina todas as formas. Olhe a beleza, a feiura, na invisível e única Luz. Dedique tempo para ver, para contemplar. "*Ephatá*, abra-se", não seja cego, e sim alguém que enxerga.

Toque, você que tem mãos, pés, uma pele mais para acariciar do que pegar, mais para abraçar do que arranhar, agarrar e possuir. A matéria é Una, dá consistência a diferentes formas, ouro ou lixo, não cessa de ser o que é. Dedique tempo para tocar, para acariciar a profundeza das aparências e nelas descobrir a pura energia que as faz aparecer. "*Ephatá*, abra-se", deixe-se tocar pela Vida e pelo seu corpo incomensurável. A Vida deve ser acariciada.

Deguste, você que tem uma boca e papilas para degustar e não só para morder e devorar. O sabor é Uno, toma formas açucaradas, ácidas, amargas ou amadeiradas, mas é Uno e jamais insípido, como a água misturada ao vinho, a sobriedade misturada à embriaguez. Dedique tempo para degustar, para saborear. "*Ephatá*, abra-se", a Vida se dá a você, por meio de tantos sabores, a Vida deve ser saboreada.

Respire, você que tem narinas sensíveis à vida e aos seus perfumes. O sopro é Uno, preste atenção nesse sopro, em suas alternâncias de inspiração e de expiração, nesses momentos de suspensão, e em todos esses odores, todos esses universos que ele interioriza. "*Ephatá*, abra-se", alargue o espaço de seu sopro, ele vem do Infinito e retorna ao Infinito, respire o campo infinito de seus perfumes, a Vida deve ser respirada.

Deseje, você que tem um sexo voltado ao outro, você que é feliz e mais fecundo do que só consigo mesmo. Seu desejo é desejo do Uno, seu desejo é sem descanso até descansar no Uno, seu prazer é sem satisfação até descansar na plenitude do Uno. Seu gozo não é perfeito até que ele goze do Infinito que nunca lhe falta e sempre lhe escapa. "*Ephatá*, abra-se", abra seu desejo ao amor, ao desejo da Vida que atravessa seus desejos, seus prazeres e seus gozos para que você esteja sempre saciado, jamais farto ou satisfeito, a Vida deve ser abraçada e desejada.

Deixe ir, você que tem as nádegas comprimidas, o ânus contraído e a aparência constipada. Não nos encontramos e não nos perdemos senão no Uno, não há nada a reter, nada a guardar, tudo é impermanente, tudo desmorona, tudo que é composto será decomposto, é a lei e é a vida, ninguém nasce se não morrer. "*Ephatá*, abra-se", relaxe, nascemos para morrer, para nos decompor, a Vida continua com ou sem essa matéria que devemos abandonar, você não é só a vida que você tem e que em breve não terá mais, você é a Vida que você é e que sempre será. Pois a Vida é eterna ou não é, é infinita ou não é.

Estude, pense, reflita, medite, você que tem um cérebro com múltiplas facetas e faculdades, a consciência é Una, não se contente em contar, analisar e fazer sínteses, dedique um tempo para meditar, para contemplar o Real que está aqui, presente. A Consciência na qual mil e uma coisas aparecem para você. "*Ephatá*, abra-se", não se aprisione no conhecido, não se satisfaça com pequenas observações ou explicações, deixe-se levar pela questão sempre mais longe, sempre mais próxima da Consciência que anima seu cérebro e por quem todas as coisas são.

Ame, você que tem um coração para amar, o Uno é tudo em nós, nele temos a vida, o movimento e o ser. Ame o que lhe é próximo, o que lhe é distante, o que lhe é familiar, o que lhe é estranho, o que é amigo, o que é inimigo – é sempre você mesmo, a Vida una que você é e que é em todas as coisas. "*Ephatá*, abra-se". Seu coração é limitado, é também capaz de tudo, *capax Dei*, capaz do Uno, capaz de ser consciente do Uno e de ser um com ele. Quando você só é um com tudo, você é o Amor/ Deus, *Agápē o Theós*.

Imagine, não apenas pense, que isso esteja presente para você, um mundo onde tudo é Uno, onde todos são um, de uma unidade sem mescla, de uma diferença que não é separação; imagine o que a inteligência não pode pensar: a coincidência dos contrários, a não dualidade dos opostos, a lógica dos contraditórios, os outros inclusive. "*Ephatá*, abra-se", vá além de todas as imagens, de todas as representações conhecidas, sem desprezar ou idolatrar qualquer uma delas, quer se trate de Deus, do Ser, do Infinito, do Eterno. O Real é sempre mais do que tudo que podemos sentir, pensar, ou imaginar sobre ele. Imagine o inimaginável, o irrepresentável, ande e respire em sua presença.

II
Os caminhos da transfiguração

O objetivo, o sentido da vida humana, é a *metamórphosis*, a transfiguração. Tudo muda e se transforma constantemente. O que se torna esse processo de transformação quando é conduzido e habitado pelo Espírito Santo, *Deus agens* ou Consciência criadora?

O Mosteiro de Sarov, na época da URSS, foi transformado em "cidade proibida"* e foi nas celas dos monges que se deu o desenvolvimento da bomba H, da bomba atômica. Em uma dessas mesmas células São Serafim transfigurou-se diante de Motovilov, seu amigo e visitante, que o viu radiante de luz e de calor. Qual é então essa energia que o homem transforma em poder de aniquilação ou em poder de transfiguração?**

São muitos os menestréis do corpo aniquilado, evanescente, corruptível, produto descartável, perecível. Mas raros são os que evocaram a transfiguração possível do corpo, isto é, da natureza, da matéria humana e cósmica.

É a isso, no entanto, que nos convida a tradição teórica e prática do cristianismo: a transfiguração e a ressurreição dos

---

* Arzamas-16, a 500km de Moscou. Ali foi elaborada a bomba termonuclear soviética. Essa cidade não constava em nenhum mapa, em nenhuma placa, em plena floresta, cidade ultrassecreta, centro de pesquisa e de construção da arma atômica, fundada por Stalin e Beria em 1947. Foi ali que Sakharov viveu até 1968. Em suas memórias, não dá nenhum esclarecimento sobre essa cidade, ele a chama "Instalação" sem divulgar o que era considerado como um segredo de Estado (cf. *Le Nouvel Observateur*, mar./1993).

** Deve-se observar que 6 de agosto, Festa da Transfiguração no calendário cristão, é também a data da primeira bomba atômica, lançada sobre Hiroshima.

corpos, o mundo chamado a se tornar reino. O cristianismo não é uma via de renúncia, mas de transfiguração. Não se trata de renunciar ao mundo, ao corpo, à sexualidade, à beleza, ao mal, ao sofrimento, à morte. Uma vez que essas realidades existem, negá-las seria negar o Ser que as faz existir, e renunciar a Ele, renunciar ao Vivente e à Consciência que nos faz vivê-las; mas a questão permanece: Como viver essas realidades que existem, vivê-las bem, de forma venturosa?

Essa via de transfiguração também é uma via de integração, não se trata mais de opor a imobilidade e a dança, a carne e a cinza, o carnaval e o silêncio, mas de descobrir a Via Una, sob suas múltiplas manifestações. Assim, a via da transfiguração não é apenas uma via de sublimação mas uma via de aceitação daquilo que é, não de complacência ou de satisfação "naquilo que é". Trata-se de aderir ao que é para poder metamorfoseá-lo. "Tudo que não é aceito não é transformado", "Tudo que não é assumido não é 'salvo'". Tais adágios nos são familiares. Não é esmagando a lagarta que a ajudamos a se tornar uma borboleta, e sim acompanhando-a em seu trabalho de *metamórphosis* (palavra grega normalmente traduzida por "transfiguração"). Tudo está por se transformar em consciência e em amor, isto é, em Luz. É a esta alquimia que as práticas de silêncio e de meditação nos introduzem. Qual luz? É o que viver às vezes nos leva a descobrir...

Situamo-nos aqui em um imaginário científico pelo qual o homem e o mundo vêm da luz para retornar à luz, pela experiência da matéria. Essa experiência da matéria pode ser "fatal", isto é, enclausuramento no "ser para a morte", perda ou esquecimento da Consciência, do Amor e da Vida que animam essa matéria. Esquecimento do princípio de onde viemos e do fim para o qual caminhamos. A experiência da matéria pode ser também "pascal": passagem pelas formas, pelos limites, pelas dores e pelas alegrias do "ser para a morte" em direção à "Vida essencial".

A transparência possível a essa Vida essencial é atestada pela experiência que alguns autores chamam transfiguração, quer seja a de Cristo quer seja a dos sábios e dos santos de todas as tradições. Abordamos essa experiência com um espírito crítico, mais antropológico do que teológico; na verdade, quando falamos de Deus, estamos falando de nós mesmos, isto é, de nossa relação com o que consideramos como Deus ou que experimentamos como Deus. Transcendência imanente: último-íntimo.

Quando falam de Deus, um crente ou um ateu falam de suas adesões ou de suas recusas, de seus êxtases ou de suas revoltas... Falam das aberturas, dos "bloqueios" ou dos limites que o ser humano produz em sua presença. Escutá-los nada nos ensina sobre Deus, mas muito sobre o que o homem se faz ou se sabe "capaz"... Quando os autores dos evangelhos nos falam de Deus como Vida e como Luz, há ali uma informação interessante, que nos indica uma relação possível com o último e com o íntimo como sendo a Vida e a Luz "que ilumina e vivifica todo homem" (*panta anthropon*). É a possibilidade e a natureza dessa relação que se trata de explorar ou de experimentar, isto é, de pensar, de imaginar e de sentir. Nossa abordagem do fenômeno da transfiguração só poderá ser transdisciplinar, o estudo dos textos e das tradições precederá as pesquisas da hermenêutica contemporânea, filosófica, psicológica e científica. Antes de falar da *metamórphosis* possível de nossos diferentes corpos, dos engajamentos e dos "dons" que isso supõe, convém, com efeito, reconhecer os textos que nos inspiram e nos convidam a semelhante experiência.

A transfiguração de Cristo no Evangelho de João

Antes de citar os evangelhos sinóticos em que é relatado o episódio da transfiguração de Cristo, é justo citar o Evangelho de João, que não fala sobre isso, mas em que o tema da Luz e da Vida verdadeira encarnadas em Cristo é permanente.

1) No começo: o Logos, o Logos é em direção a Deus, o Logos é Deus.

2) No início ele está com Deus.

3) Tudo existe por Ele, sem Ele: nada.

4) De todo ser Ele é a Vida, a Vida é a luz dos homens.

5) A Luz brilha nas trevas, as trevas não podem apagá-la.

6) Aparece um homem enviado por Deus, Yohanan é seu nome.

7) Ele vem como Testemunha para dar testemunho da Luz, a fim de que, assim como ele, todos se unam a ela.

8) Ele não é a Luz, mas a testemunha da Luz.

9) O Logos é a Luz verdadeira que ilumina todo homem.

10) De todo ser, Ele é a vida. A vida é a Luz dos homens.

Duas palavras aparecem aqui: *zoé*, a vida, *phos*, a luz. O Logos é a Vida, o Vivente de todo ser: esse Vivente é Luz. Será realmente o que chamamos a Vida? São João nos mantém na proximidade da origem, nos reconduz ao essencial. Seguir o Logos é escutar e aderir ao movimento mesmo da Vida em nós. Ser cristão é se tornar cada vez mais vivente, Uno com a Vida. O Logos não é um estranho, Ele "está mais próximo de nós do que nossa veia jugular", é o Vivente de nossas vidas. A Vida, a Luz e o Amor não pertencem a nenhuma raça, a nenhuma seita, a nenhuma religião. Um descrente cheio de vida, de amor e de luz certamente está mais próximo do Logos, é mais "cristão" do que um crente que desesperança da vida, que duvida da potência do amor que é nele e não busca mais a Luz.

O Logos é a Vida; todo ser vivo é "morada de Deus". Tudo que vive e respira "é adorável". A Vida é sagrada. Esta não é uma palavra vã, é o reconhecimento do Logos que anima todas as coisas. Se perdermos esse conhecimento, o mundo torna-se profano, isto é, "profanado", vazio da presença que o habita, esvaziado de sua Luz. Reencontrar essa gnose (reencontrar seu Espírito Santo) é ver o Logos em todos os seres (*logoi* que participam no Logos único, dizem os Padres) e é fazer a experiência da transfiguração, como fez o peregrino russo, enquanto invocava no Espírito Santo, do fundo do coração, o nome do Logos encarnado: "Tudo que me cercava aparecia para mim sob um aspecto encantador: as árvores, a grama, os pássaros, a terra, o ar, a luz, todos pareciam me dizer que existiam para o homem, que testemunhavam o amor de Deus pelo homem; todos rezavam, todos cantavam Glória a Deus! Compreendia assim o que a Filocalia chama "o conhecimento da linguagem (Logos) da criação" e via como é possível conversar com as criaturas de Deus"[1].

No Monte Tabor, os olhos dos discípulos tornaram-se igualmente capazes de ver o Logos "por Quem tudo existe" na forma terrena de Jesus de Nazaré. "Quem vê seu irmão vê seu Deus", dizem os Padres do deserto, a dificuldade está em "ver" realmente. Não se trata de se ligar à forma particular que a Vida e a Luz tomam neste ou naquele ser, mas de recolocar todas as formas na grande corrente de Vida e de Luz que é o Logos. Moisés não se prosterna diante da sarça (esta seria então um ídolo), mas diante da Chama e da Palavra que nela se manifestam. Não adoramos o homem Jesus (seríamos então idólatras), adoramos o Logos, a Vida, a Luz que se encarnaram nele. Quando Jesus diz no Evangelho: "Eu sou a Vida" ou "Eu sou a Luz do mundo", não fala do seu "pequeno eu", de seu ser existencial (que seria apenas megalomania, "inflação do ego"), Ele fala do Logos que é nele. Desse Logos "que é – no início – com Deus" e que "de todo ser é a Vida": e a Vida é a Luz dos homens".

Por vezes também nós somos capazes de ser Uno com a Vida, de "ser a Vida", e é como uma sequência de ondas que nos

---

1. *Récits d'un pèlerin russe*. Paris: Seuil, 1966, p. 51-57.

ergue mais alto do que o tempo, para além da morte; experimentamos então algo invulnerável, indestrutível em nós. A esse algo São João chamará Vida Eterna, a Verdadeira Vida que não passa quando passam todas as formas por meio das quais Ela se manifesta. Por vezes também somos capazes de ser Uno com a Luz, de vê-la no cosmos, nos outros, como fez Motovilov no século passado, quando foi introduzido na intimidade "pneumática" do padre Serafim de Sarov: "Meu amigo, nós dois estamos neste momento no Espírito de Deus (*pneuma*) [...] Por que você não quer me olhar? – Não posso olhá-lo, Padre, respondi, seus olhos projetam raios; seu rosto tornou-se mais ofuscante do que o sol e meus olhos doem ao olhá-lo. – Não tema nada, disse ele, nesse momento você tornou-se tão claro quanto eu. Você também está agora na plenitude do Espírito de Deus; caso contrário não poderia me ver assim como está me vendo"[2].

"A Luz brilha nas trevas (*En te skotia phainen*), as trevas não podem apagá-la"

A Luz do Logos nem sempre se revela na evidência de um corpo de luz, como o de Cristo no Monte Tabor ou como o de São Serafim. Na maioria dos casos, ela permanece cercada de trevas, brilha na escuridão. Essa escuridão não deve ser só considerada como sendo a do mal ou do pecado que impedem a luz de se revelar – é também a condição desse desvelamento. A luz é por si mesma invisível; para entrar no campo de nossa percepção, precisa adquirir certa densidade (torna-se então nuvem), precisa de certa matéria que é – por sua natureza – mais ou menos densa e sombria. Podemos, portanto, compreender esse versículo: É na matéria (*skotia*) que a Luz (*phos*) torna-se

---

2. Entretiens de saint Séraphim. In: *Théologie, essai sur la théologie mystique de l'Église d'Orient*. Paris: Le Cerf, p. 226-227 [tradução de Vladimir Lossky].

um fenômeno (*phainen*), que se torna perceptível no espaço-
-tempo. *Skotia auto ouk katelaben*: as trevas não podem apagá-la,
ou ainda: não podem compreendê-la (contê-la).

Essa Luz incriada que habita nas profundezas do ser não é
acessível ao espírito "material"; é de outra natureza. A alteridade e a transcendência permanecem no íntimo do fenômeno. O
mais conhecido está saturado de incognoscível; é próprio da luz
permanecer invisível no próprio coração de tudo que ela dá a
ver. Infinitamente próxima e sempre não ligada ao que ela mostra – pois não poderíamos manter nos olhos ou nas mãos seu
clarão... Outra interpretação menos metafísica e talvez mais rica
em esperança seria ler nesse versículo a afirmação que o mais
tenebroso em nós nunca vencerá a Luz. A centelha jamais será
ofuscada pelo peso de nossas cinzas, o mal não triunfará sobre
ela. Quaisquer que sejam nossas impurezas, a luz que cada um
traz dentro de si não é conspurcada...

Jesus oferece a Judas um bocado de sua última refeição, em
seguida Judas deixa a mesa para desempenhar sua difícil tarefa...
São João anota apenas: "Era noite". Judas leva nessa noite um
bocado de luz, uma centelha que lhe queima as entranhas e que
a própria morte não poderia apagar. Deus não poderia deixar
de nos amar, Ele iria contra sua própria natureza. A luz de seu
Logos não deixa de brilhar, quaisquer que sejam as muralhas de
nossa recusa, a escuridão, a espessura de nossa incredulidade. No
fim da noite isso pode nos ajudar a não desistir de nós mesmos
e a não desistir do outro, em algum lugar, no fundo, uma brasa
ínfima aguarda a benevolência de um olhar e a carícia ilumina-
dora do Sopro...

"Ele não é a Luz, mas a testemunha da Luz"

Muitas vezes se compara a relação entre João Batista e
Cristo à existente entre a Lua e o Sol. A Lua não é fonte de

luz, mas reflete a luz. O prólogo nos adverte sobre esse perigo que consiste em por vezes tomar o reflexo pela luz, em tomar o Precursor pelo Messias, e nos perguntamos, com efeito, no Evangelho, "se João Batista não é Cristo".

No nível da experiência interior, também podemos tomar o reflexo pela luz, podemos nos iludir e tomar os sinais precursores da realização pela própria Realização: uma certa sabedoria, uma certa calma, uma certa clareza de espírito ainda não são a luz. Essas experiências são – retomando as categorias de São Paulo – do mundo "psíquico" e não do mundo "pneumático". Aliás, o próprio João Batista dirá: "Não sou Cristo". E essa palavra magnífica: "É preciso que ele cresça e eu diminua". Em uma visão junguiana, diríamos: a importância do eu deve se relativizar para dar lugar à importância do Si... Tauler comentará essa fala dizendo que o nome secreto de João Batista é *non sum*: "Eu não sou", ao passo que o Nome secreto de Cristo é *Ego sum*: "Eu sou". Esse *non sum* é a condição mesma para que se realize em nós a presença do *Ego sum*.

Essa experiência será também vivida por Catherine de Siena, quando Cristo lhe dirá: "Eu sou aquele que É" – "Tu és aquela que não é". João Batista não é a Luz, Ele carrega a Luz, sua presença é pura capacidade do Outro, como Maria – por sua humildade, sua virgindade interior, sua vacuidade – ele se faz *capax Dei* = capaz de Deus. Ele carrega o dia, seu rosto é marcado de sol.

"O Logos é a Luz verdadeira que ilumina todo homem"

To phos to alethinon (hebraico: *ór emet*) *photizei panta anthropon*. João Batista é o espelho que reflete a Luz, mas a Luz verdadeira é o Logos. Essa Luz ilumina "todo" homem, não apenas os cristãos, os homens de fé, os fervorosos, mas "todo" homem. Essa palavra é importante: todo homem é habitado pelo Logos e nesse sentido "tudo que fazemos ao menor de nossos irmãos, é a Ele que fazemos".

Os Padres da Igreja também gostavam de reconhecer em toda palavra e em todo ato de sabedoria as "sementes do Logos", os *sperma théon*. "Toda palavra de verdade, qualquer que seja sua origem, é inspirada pelo único Espírito Santo", dirá mais tarde Tomás de Aquino. Essa atitude de abertura e de respeito deveria iluminar nossas relações com as religiões e as tradições diferentes das nossas. Gandhi dizia: "O Evangelho é maravilhoso, os cristãos são sórdidos", quando os via enclausurados em seu chauvinismo e em sua pretensão de ser os "únicos" a deter a verdade.

Não cabe ao missionário cristão anunciar um Logos que vem do exterior, e sim revelar uma presença que já está ali! "Há no meio de vós alguém que não conheceis", dizia João Batista. Trata-se de despertar para o Desconhecido que espera nas profundezas do Ser, de tomar consciência daquilo que – de toda Eternidade – já está dado. Sabemos como é difícil pensar o "Mesmo" no "Outro", sem cogitar destruir sua alteridade! No entanto: "Se o todo fosse um único membro, onde estaria o corpo?"[3] O corpo do Logos é todo o universo, são todas as tradições, todas as culturas, todas as religiões naquilo que têm de próprio e de inspirado por Deus. "Há vários membros e, contudo, um único corpo. O olho não pode, portanto, dizer à mão: 'não preciso de ti', nem a cabeça aos pés: 'não preciso de vós'. Um membro sofre? Todos os membros sofrem com ele. Um membro é valorizado? Todos os membros se regozijam com ele"[4].

Mestre Eckhart reconhecia o avanço espiritual de um noviço na sua capacidade de se regozijar com o sucesso do outro: não invejar a verdade que é do outro, mas reconhecer nela a presença

---

3. I Cor 12,19.

4. I Cor 12,20-26.

do Único, esse Logos "por quem tudo existe". Essa atitude não deveria nos conduzir ao relativismo do "tudo se vale" ou ao confusionismo em que se misturam os níveis e os diferentes planos de revelação. A abertura do coração não exclui a vigilância e o discernimento, ao contrário: ela o exige! Pois não há verdadeira abertura sem verdadeiro enraizamento, não há comunhão sem identidades bem diferenciadas. São João diz em sua primeira epístola: "Bem-amados, não vos fiéis a todo espírito, mas testai os espíritos para ver se vêm de Deus, pois muitos falsos profetas vieram ao mundo"[5].

Trata-se, com efeito, de testar os espíritos para saber se o que inspira uma pessoa ou um grupo é a vaidade, a vontade de poder ou, então, a verdade e o amor. Com a luz do Logos que está nele, todo homem pode se iluminar e iluminar os outros; pode também dela se servir para brilhar, para destruir a si mesmo e destruir os outros. Há algumas maneiras perversas de utilizar a vida, ninguém pode negá-lo, mas esse discernimento e essa vigilância necessários não devem se transformar em desconfiança, em paranoia, ou pior: em frieza de coração.

> A unção que recebestes dele permanece em vós e não tendes necessidade de que vos ensinemos [...] Quem não pratica a justiça não é de Deus, nem aquele que não ama seu irmão [...] Se caminhamos na luz, como Ele próprio está na Luz, estamos em comunhão uns com os outros... Aquele que não ama permanece na morte.
>
> Bem-amados, amemo-nos uns aos outros uma vez que o Amor é Deus e que aquele que ama nasceu de Deus e conhece Deus; aquele que não ama não conheceu Deus, pois Deus é Amor [...] O perfeito amor bane o medo [...] Reconhecei que todo homem que pratica a Justiça nasceu dele[6].

---

5. 1Jo 4,1.

6. 1Jo 3,10; 3,14; 4,7.

Seria preciso citar toda a Epístola de São João para compreender que a presença do Logos no homem é inseparável da presença do Ágape: Luz e Amor são Uno. Pretender estar na luz, sem amar, é mentira. Pretender amar, sem se manter na luz, é ilusão. A verdade, sem o amor, é a Inquisição e, portanto, o crime em nome da verdade. Qual verdade? O amor sem a verdade é o ciúme, a possessividade, a hipocrisia e, mais uma vez, o crime "em nome do amor": "Amava-o demais, matei-o". O Logos é a chama que ilumina todo homem que vem a este mundo. A chama é luz e calor. O Logos é inteligência e amor.

> Aquele que pretende estar na luz mesmo odiando seu irmão ainda está nas trevas. Aquele que ama seu irmão permanece na luz e não há nele ocasião de queda. Mas aquele que odeia seu irmão está nas trevas, caminha nas trevas, não sabe para onde vai, porque as trevas cegaram seus olhos[7].

Em São João, a Luz, o Amor e a Vida são inseparáveis, são os três raios de um único sol, e essa radiação é o que ele chama a "glória" – *la kavod* ou o peso da "presença". É essa presença que Cristo manifesta não só no momento de sua transfiguração no Monte Tabor, mas também durante toda sua vida. Michel Hubaut está certo ao dizer, depois de uma atenta leitura do Evangelho, que

> São João desenvolve uma verdadeira teologia da transfiguração. Para ele, a encarnação não é uma humilhação do Filho de Deus, e sim uma revelação da glória divina. A transfiguração não constitui um momento de graça único na vida de Cristo, mas uma manifestação particularmente intensa da glória messiânica e da luz divina que iluminam toda a vida terrena de Jesus[8].

---

7. Cf. 1Jo 2,9-11.

8. HUBAUT, M. *La transfiguration*. Bayard, 2003, p. 62.

O texto mais explícito dessa teologia da transfiguração é sem dúvida aquele que abre a Primeira Epístola de São João. Trata-se, com efeito, de "ver", de "ouvir", de "tocar", de "contemplar" o Logos e a Luz da vida em um corpo humano. A Vida eterna, que é relação do Filho (o *Anthropos*) com a Origem (o Pai) no Sopro (*Pneuma* – Espírito Santo), é nesse "espaço-templo" do tempo e da matéria que devemos vivê-la. Esta é a bem-aventurança (*kara*), a luz que nos são prometidas e "que nenhuma treva pode apagar". É o próprio sangue que animava a vida de Yeshua, isto é, sua contemplação (*gnosis*), que nos purifica e nos liberta de todos os obstáculos (*hamartia*, pecado) que nos impedem de estar em comunhão com o dia (*dies*) uns com os outros.

> O que era desde o princípio, o que ouvimos, o que vimos com nossos olhos, o que contemplamos, o que nossas mãos tocaram do Verbo de vida; pois a Vida se manifestou: nós a vimos, nós a testificamos.
> Eis então a mensagem que dele ouvimos e que vos anunciamos: Deus é Luz, nele não há trevas.
> Se dizemos que estamos em comunhão com Ele mas andamos nas trevas, mentimos, não praticamos a verdade. Mas se andamos na luz como Ele mesmo está na luz, estamos em comunhão uns com os outros, e o sangue de Jesus, seu Filho, nos purifica de toda "falta de amor"[9].

As Epístolas de São Pedro

Depois de João, também o apóstolo Pedro testemunha sobre "o que seus olhos viram e [sobre] o que seus ouvidos ouviram". Mas faz uma referência direta ao "evento" da transfiguração e

---

9. Cf. I Jo I, I-7 na tradução francesa de J.-Y. Leloup: *Première Épître de Jean*. Albin Michel, 2014.

deixa claro que esse evento é o próprio fundamento de sua fé, que não é uma fábula ou um texto escrito, é uma experiência:

> Pois não é seguindo fábulas sofisticadas que nós vos fizemos conhecer o poder e o advento de nosso Senhor Jesus Cristo, mas depois de ter sido testemunhas oculares de sua majestade. Ele recebeu, com efeito, de Deus Pai honra e glória, quando a Glória plena de majestade lhe transmitiu tal palavra: "Este é meu Filho bem-amado, que tem toda minha bênção". Ouvimos essa voz; ela vinha do Céu, estávamos com Ele na montanha sagrada[10].

Os evangelhos sinóticos

Os evangelhos sinóticos, com Pedro, João e Tiago, nos convidam a subir "essa montanha santa".

Mateus (17,1-9)	Marcos (9,2-10)	Lucas (9,28-36)
17,1 Seis dias depois, Jesus chamou Pedro, Tiago e João, seu irmão, e os conduziu até uma montanha alta.	9,2 Seis dias depois Jesus chamou Pedro, Tiago e João, e os levou até uma montanha alta. E diante deles se transfigurou.	9,28 Quase oito dias depois de ter dito estas palavras, Jesus chamou Pedro, João e Tiago, e subiu a montanha para orar.
17,2 E transfigurou-se diante deles; seu rosto resplandecia como o sol, e suas vestes tornaram-se brancas como a luz.	9,3 Suas vestes tornaram-se resplandecentes, e de uma brancura tal que nenhum lavadeiro sobre a terra as poderia branqueá-las assim.	9,29 Enquanto orava, a aparência de seu rosto mudou, e suas vestes tornaram-se de um branco resplandecente.

10. Cf. 2Pd 1,16-18.

Mateus (17,1-9)	Marcos (9,2-10)	Lucas (9,28-36)
17,3 E eis que Moisés e Elias lhes apareceram, falando com ele.	9,4 Elias e Moisés lhes apareceram e falavam com Jesus.	9,30 E eis que dois homens falavam com ele: eram Moisés e Elias,
		9,31 que, aparecendo na glória, falavam da morte dele que iria se cumprir em Jerusalém.
17,4 Pedro, tomando a palavra, disse a Jesus: Senhor, é bom estarmos aqui; se queres, farei aqui três tendas, uma para ti, uma para Moisés, e uma para Elias.	9,5 Pedro, tomando a palavra, disse a Jesus: Mestre, é bom que estejamos aqui; ergamos três tendas, uma para ti, uma para Moisés, e uma para Elias.	9,32 Pedro e seus companheiros estavam extenuados de sono; e, quando despertaram, viram a glória de Jesus e os dois homens que estavam com ele.
	9,6 Pois não sabia o que dizer, pois estavam aterrorizados.	9,33 No momento em que esses homens se separaram de Jesus, Pedro lhe disse: Mestre, é bom que estejamos aqui; façamos três tendas: uma para ti, uma para Moisés e uma para Elias. Ele não sabia o que dizia.
17,5 E quando ainda falava, uma nuvem luminosa os cobriu. E então da nuvem se ouviu uma voz que dizia: Este é o meu Filho bem-amado, em quem pus toda minha afeição; escutai-o.	9,7 Uma nuvem desceu e os cobriu, e dela saiu uma voz: Este é o meu filho bem-amado; escutai-o.	9,34 Enquanto dizia isso, uma nuvem veio cobri-los e os discípulos foram tomados de pavor ao vê-los entrar na nuvem.

17,6 Ao ouvirem essa voz, os discípulos caíram com o rosto na terra, e sentiram um grande medo.		9,35 E da nuvem saiu uma voz que dizia: Este é o meu Filho eleito; escutai-o.
17,7 Mas Jesus, aproximando-se, tocou-os e lhes disse: Levantai-vos, e não tenhais medo.	9,8 E assim que olharam ao redor, viram só Jesus com eles.	
17,8 Elevaram os olhos, e viram somente Jesus.		
17,9 E enquanto desciam a montanha, Jesus ordenou-lhes: Não conteis a ninguém a visão, até que o Filho do homem ressuscite de entre os mortos.	9,9 E enquanto desciam da montanha, Jesus recomendou-lhes que não dissessem a ninguém o que tinham visto, até que o Filho do homem ressuscitasse de entre os mortos.	9,36 Quando a voz se fez ouvir, Jesus estava só. Os discípulos ficaram em silêncio, e não contaram a ninguém, naqueles tempos, nada do que tinham visto.
	9,10 Eles retiveram essa palavra, perguntando uns aos outros o que significaria ressuscitar de entre os mortos.	

Seis ou oito dias?

No Evangelho de Lucas, o evento da transfiguração se dá "por volta de oito dias depois", já no de Marcos e no de Mateus ele ocorre "seis dias depois". Essa menção cronológica faz pensar em Moisés subindo o Sinai "após o sexto dia", ou seja, no sétimo. Como a maior parte dos textos do Novo Testamento, este é composto ou construído em referência ao Antigo Testamento: "A nuvem cobria a montanha e a glória de YHWH se estabeleceu sobre o Monte Sinai". "Durante seis dias", a nuvem cobriu a montanha, "no sétimo dia o Senhor chamou Moisés do seio da nuvem – aos olhos dos filhos de Israel a glória de YHWH revelava-se como um fogo luminoso acima da montanha"[11]. Assim como Moisés se fez acompanhar por Aarão, Nadab, Abiú e por setenta anciãos, Yeshua levou com ele três discípulos. Moisés fora transfigurado pela glória de YHWH[12] e Deus se manifestara na nuvem[13]. Além disso, Moisés e Elias são dois personagens que o Antigo Testamento apresenta como agraciados no Horeb por uma experiência extraordinária da presença de Deus[14]; os sinóticos redigem então o relato da transfiguração lembrando-se da teofania do Sinai.

Mas a interpretação sinaítica da transfiguração não é a única possível. Essa notação dos "seis dias depois" também pode se referir à grande "Festa das Tendas" – chamada *Sukkot*[15] –, celebrada todos os anos em Jerusalém "seis dias depois" da Festa das Expiações (*Yom Kippur*). Ao longo dessa grande festa judaica, que dura sete dias, os judeus erguem cabanas de ramos em seus jardins ou em suas varandas e nas sinagogas. O sétimo e último dia era seu ponto culminante: as pessoas permaneciam dentro das tendas, vestiam-se de branco, e o templo resplandecia de luz. Essa festa é um memorial do êxodo do povo de Deus. Recordam-se dessa longa marcha, de acampamento em acampamento, no decorrer da qual Moisés construíra uma "tenda-santuário", modelo reduzido para esses nômades das "tendas

---

11. Ex 24,16-17.

12. Ex 34,29.

13. Ex 24,15-18.

14. Ex 33,18–34,7; 1Rs 19,9-13.

15. Lv 23,33-36.

eternas" de Deus, para que Este possa residir no meio de seu povo. Nessa "tenda do encontro", Deus tornava-se particularmente presente a Moisés, que conversava com ele. "Sempre que Moisés entrava na tenda, a coluna da nuvem descia, postava-se na entrada da tenda, e Ele falava com Moisés... O Senhor falava com Moisés, face a face, como um homem fala com seu amigo"[16]. Será um acaso se o verbo *skeno*, que vem de *skené*, "tenda", apareça somente no prólogo de São João – "Ele ergueu sua tenda entre nós"[17] – e no relato da transfiguração? Encarnação e transfiguração testemunham a mesma realidade, a da presença de YHWH, "o Ser que é o que é", entre os homens, em um corpo "templo" ou "tenda" que são por si mesmos "transitórios e impermanentes".

Tudo que conhecemos do Absoluto ou do Infinito está em um corpo perecível (como um templo) que nós o conhecemos. Tudo que sabemos do Eterno está em um corpo passageiro (como uma tenda) que nós o vivemos. A simbólica dos seis dias é também a da semana cósmica do Gênesis, o *hexaemeron* – o sétimo dia, aquele que vem depois, é o dia do Shabat, do descanso ou da conclusão. Seis é o número do homem e da criação inacabada e, para o livro do Apocalipse, o do "humano fechado em si mesmo", aquele que não se abre ao sétimo e ao oitavo dia, isto é, o do humano que "se fecha" em sua finitude ou em seu "ser para a morte", e recusa se abrir à transcendência que pode lhe dar a paz e realizá-la. Seis, seis, seis, 666, "eu, eu, eu", é o homem sem "ti", sem Outro. Essa recusa da alteridade, humana e divina, faz dele uma "besta" não no sentido natural do termo, mas no sentido metafórico de uma irrealização do homem. A transfiguração vem depois do sexto dia, simboliza a realização, a

---

16. Ex 33,9-11. Cf. HUBAUT, M. Op. cit., p. 20-21.

17. Jo 1,14.

integridade humano-divina para a qual o homem existe, simboliza a entrada do homem na luz e no descanso.

Lucas fala até mesmo do "oitavo dia" que é o "Shabat dos Shabats". Os escritos rabínicos da época também falam desse "oitavo dia": Deus, com efeito, criou o mundo em seis dias, no sétimo descansou, mas como essa primeira criação foi corrompida, os rabinos esperavam que Deus restaurasse todas as coisas em uma nova criação mais bela do que a primeira, a do "oitavo dia". Esse tema será evidentemente retomado pelos cristãos: o oitavo dia é o dia da ressurreição, a transfiguração final para a qual toda a criação é chamada. Yeshua é o homem do oitavo dia. É o ser humano acabado, transfigurado, o arquétipo daquilo que estamos em vias de devir. O último setenário do Apocalipse de João contém "oito visões", a oitava e última fala "de um novo céu e de uma nova terra" assim como da Jerusalém do alto[18]. Só o novo homem, o homem realizado (*Shalom*), transfigurado, poderá dar origem a um novo mundo, realizado (em paz, *Shalom*), transfigurado, isto é, manifestando a "Glória", a presença "daquele que é o Ser que é" e que permanece nele como em seu templo ou em sua tenda.

Pedro, Tiago e João

"Depois de seis dias, ou talvez de oito dias, Yeshua toma consigo Pedro, Tiago e João (seu irmão)[19]: eles serão tanto as testemunhas de sua "glória" como de sua agonia, e, de fato, serão vistos em Getsêmani[20]. Antes disso, já foram testemunhas privilegiadas da reanimação da filha de Jairo, o chefe da Sinagoga[21].

---

18. Cf. Ap 21,1.
19. Mt 17,1; Mc 9,2; Lc 9,28.
20. Mc 14,33-42.
21. Mc 5,37.

Entre os doze, esses três têm, portanto, uma intimidade particular com Yeshua. A tradição antiga verá nisso a intimidade particular que a inteligência, a afetividade e o corpo em ação devem ter, com a presença do "Eu sou", em ressonância com seu caráter histórico. Cada um desses "mensageiros" simboliza um modo de ser e de relação particular com o ser mesmo que se manifesta na glória e na agonia, na sombra e na luz, na morte e na vida.

Tiago simboliza o corpo e seus atos; sabemos da importância que dá às "obras" em sua epístola em relação à fé. A presença do Ser se manifesta nos atos e nas ações e não apenas na intenção bem ordenada dos afetos e do intelecto. O Amor e a Luz devem se encarnar em um corpo vivo e nos atos.

Pedro simboliza o coração, suas afeições e suas emoções: são conhecidas suas "reações" vivas e generosas, às vezes presunçosas: "Se todos te traem, eu não te trairei", que testemunham seu amor frágil, mas, quando é iluminado e sustentado pelo Espírito Santo, é capaz de discernir em Jesus a presença do Deus vivo.

João simboliza bem mais a inteligência contemplativa que como a águia é capaz de olhar o sol de frente. Segundo a tradição, ele é o "teólogo", aquele que vê o Logos em ação nas palavras e nos atos de seu *Enseigneur*.

Portanto, são três modos de conhecimento: o coração, o espírito e o corpo, a intelecção, a afeição e a ação, simbolizados pelos Apóstolos, que Yeshua "chama de lado" e convida a uma ascensão até o topo da montanha. Ou seja: é o ser humano em sua integralidade, corpo, alma e espírito, que é convidado a "se afastar" daquilo que o dispersa e o distancia do Ser que é o que ele é, YHWH/Deus. Ele é chamado a se elevar, a se alargar, a se superar para entrar em sua presença. Para o "Tiago" em cada um de nós, trata-se em um primeiro tempo de se afastar, de abandonar todas as ações inúteis e desordenadas, todas essas agitações que são confundidas com o agir, orientá-las, elevá-las para a finalidade profunda do ato que testemunha a presença do Ser que é Vida/Consciência/Amor. Iluminados e conduzidos pela luz do Monte Tabor, a luz de Cristo que vive no topo e no centro de nosso ser, nossos atos tornam-se atos justos, abrem à transfiguração do mundo, à grande *metamórphosis*. YHWH/Deus será reconhecido como tudo em todos (*Pleroma*): "Não sou mais eu que ajo, é "Eu sou", o Cristo que age em mim".

Quanto ao "Pedro" em cada um de nós, trata-se principalmente de vigiar nossa afetividade, "libertá-la" de certas pulsões ou emoções que a arrebatam, trata-se de "afastar-se" das paixões, depois de "elevar nosso coração", de se voltar para a montanha sagrada para a qual se dirige "nosso Senhor e nosso Deus", percorrer todas as diferentes formas de amor que o ser humano pode conhecer, abrir e alargar nosso coração e nossa afetividade na luz do Ágape, o amor/Deus até poder dizer: "Não sou mais eu que ama, é o "Eu sou", é Cristo que age e que ama em mim".

Para o "João", é preciso começar nos "distanciando" de todos os pensamentos vãos e inúteis, dos julgamentos não fundamentados, dos *a priori* definitivos, das pseudocertezas. Acalmar o mental, e nesse mental apaziguado nos elevar para uma pura Consciência, uma pura Luz. Percorrer todos os pacotes de "memórias" que nos constituem – pessoais, familiares, transgeracionais, coletivas, cósmicas –, isto é, aceitá-las sem nelas se deter e sem com elas se identificar, até poder dizer: "Não sou mais eu que pensa ou que contempla, é o "Eu sou" que vive, age, ama, pensa e contempla em mim".

Como Pedro, Tiago e João, com todo nosso corpo, alma e espírito, devemos responder a esse chamado do Ser que nos convida a nos afastar, a sair do habitual e do conhecido. Como Abraão, chamado a "abandonar" sua terra, sua família, para ir na direção de si mesmo – *Lekh lekha*: "Vá para tu mesmo". E o que de melhor, no sentido mais concreto do termo, para ir para si mesmo do que a ascensão de uma alta montanha? A marcha rapidamente nos mostrará nosso cansaço e nossos limites, talvez precisemos de um "segundo sopro" para chegar até o topo... Se é preciso ir, como nos foi pedido, "para si mesmo", não é apenas para nos encontrarmos por meio da experiência de uma subida, é para descobrir ao mesmo tempo nossa fragilidade, nosso "não ser" e nesse não ser, *non sum* aceitado, a presença do Ser *ego sum*, o "Eu sou" que é e que nos faz ser. Com os pés e o nariz na poeira, se deixar "anastasiar": reerguer-se na luz. Hoje, como bem sabemos, tudo é luz.

"Luz é a matéria, a velocidade mais lenta da luz; a luz da lua e do sol e das estrelas; luz é a energia que religa todas as coisas e veicula a informação de diferentes intensidades e densidades de uma luz Una, até esses pulsares de luz que são os buracos negros"[22], ecos contemporâneos de hinos antigos:

> Luz é o Pai, Luz é o Filho, Luz é o Espírito Santo,
> Una, distintas e indivisíveis luzes.
> Luz é a Vida, Luz é a Consciência, Luz é o Amor,
> Una, distintas e indivisíveis luzes.
> Luz é o espírito, Luz é o coração, Luz é o corpo,
> Una, distintas e indivisíveis luzes.
> Luz é Tiago, Luz é Pedro, Luz é João,
> Una, distintas e indivisíveis luzes.
> Luz de Cristo,
> Luz da transfiguração, da cruz e da ressurreição,
> Una, distintas e indivisíveis luzes.

Essa luz, antes de reconhecê-la no fundo do vale, certamente é preciso tê-la experimentado no topo da montanha. Não

---

22. TRINH XUAN THUAN. *Les voies de la lumière* – Physique et métaphysique du clair-obscur. Fayard, 2007.

é um acaso se a luz interior, depois de nos ter conduzido para fora das luzes artificiais e superficiais da cidade e de toda vida mundana, nos conduz ao desvio, afastado, no caminho de uma "montanha alta", nos esclarece o texto, sem dar o nome do lugar. Foi Cirilo de Jerusalém (séc. IV) que mencionou pela primeira vez o Monte Tabor; ele escreveu sobre Moisés e Elias: "No Monte Tabor, enquanto assistiam à transfiguração, os dois falavam aos discípulos sobre a morte pela qual devia em Jerusalém terminar o destino dele (de Yeshua)"[23]. No século III, o Monte Tabor foi associado à transfiguração de Yeshua certamente sob a influência do Imperador Constantino e de sua mãe Helena (São Constantino e Santa Helena na ortodoxia), que consagraram, com a edificação de igrejas e de basílicas, o que será considerado em seguida como "lugares santos" – a Terra Santa sendo uma terra onde se tenta colocar em ressonância um lugar e uma Escritura. A pequena montanha do Tabor parece se acomodar bem aos textos dos evangelhos, ainda que não se possa qualificá-la de "montanha alta", uma vez que só chega a 588m. O Monte Hermom, ponto culminante de toda a região (2.814m), certamente seria mais conveniente, mas seu acesso seria mais difícil a muitos peregrinos. É a própria Escritura que associa as duas montanhas: "O Tabor e o Hermom em teu nome jubilam"[24].

Na Biblioteca hebraica, o termo "montanha alta" não designa uma altitude material, mas bem mais uma certa "altura" do espírito: não é o Monte Sião, a mais humilde das colinas, a mais alta das montanhas desde que YHWH/Deus, o Ser que é o que é, ali foi reconhecido, sendo então transformada no lugar de sua residência, em seu templo? "No fim dos tempos acontecerá que a montanha da casa do Senhor será estabelecida à

---

23. Cf. Catequese 12 (apud CERBELAUD, D. *Sainte Montagne*. Lethielleux, 2005).
24. Cf. SI 88(89), 13.

frente das montanhas, e que dominará as colinas"[25]. O fato é que, seja no Antigo ou no Novo Testamento, YHWH/Deus se revela no topo dos montes, colinas ou montanhas – é sempre a uma determinada altura. Após uma elevação da alma, do espírito e do corpo, o Real Soberano nos oferece suas mais luminosas epifanias. Isso é verdade também para outras religiões (o Monte Meru, o Monte Kailash, a Montanha de Arunachala, o Monte Fuji etc.). Para Yeshua, há a montanha das bem-aventuranças, o Gólgota e a montanha da transfiguração onde ele vai encontrar dois outros grandes "montanheses", Moisés e Elias, ambos familiares das montanhas altas e santas do Sinai e do Horeb. Ali onde os dois experimentaram a presença de YHWH/Deus, em um "obscuro e luminoso silêncio"; para Moisés, trevas superluminosas, no silêncio "de um sopro sutil"; para Elias, leve brisa.

No topo da montanha

O que acontece quando, depois de uma lenta e longa ascensão, chega-se ao topo de uma montanha? A luz é tão diferente no topo quanto a que brilha no vale? Não é a mesma luz? Sem dúvida, mas os olhos dos discípulos não são mais os mesmos, foram lavados, purificados pelo exercício e pela ascensão. Vivem diferentemente, abrem-se a outras dimensões e tornam-se capazes de ver Yeshua "de outra maneira" e não mais na maneira ordinária, habitual, cegada certamente pelo hábito. Seus olhos tornaram-se capazes, pela graça dessa subida, de vê-lo assim como Ele é, em uma outra luz. Ele não mudou, ainda é o que é, mas os olhos deles, os "pontos de vista" mudaram: "E eis que ele foi transfigurado diante deles e seu rosto resplandecia como o sol, suas vestes se tornaram brancas como a luz".

---

25. Is 2,2.

O Evangelho de Lucas esclarece que Yeshua estava nessa montanha para "orar" e que enquanto orava ocorreu a *metamórphosis*[26]. Essa indicação é importante, é pela oração e pela meditação que nossas matérias e nossas energias são transformadas, acedem a outras densidades e intensidades que as aproximam da luz. É enquanto reza que o corpo e o rosto de Cristo são transfigurados e aparecem como um sol. Mas os discípulos Pedro, Tiago e João também não deveriam ter o corpo, o coração e o espírito na oração, afinados com o "Eu sou", para que o "Eu sou" se revele "assim como Ele é"? A luz da transfiguração é luz de sua interdependência, luz que une o que percebe e o que é percebido. Os discípulos e Cristo se mantêm juntos em uma mesma e única luz. Ela não brilha somente em Cristo, nenhuma luz brilha se não há olhos para vê-la. O ser uno de Yeshua e de seus discípulos nesse momento, na intensidade de sua prece, coloca-os na mesma "frequência". "Vós em mim, eu em vós", dirá Yeshua no Evangelho de João. Uno comigo como sou uno com o Pai. Um único "Eu sou" irradia em tudo e em todos. É o Real Soberano, o único Real que ilumina todas as realidades relativas.

No Monte Tabor ou no Monte Hermom, símbolos de certa qualidade de Ser e de visão, a luz se revela na matéria, o Espírito é em um corpo, o Eterno é no tempo, o Infinito é na finitude. Deus é no homem, Jesus Cristo aparece em sua realidade de *theanthropos*, Deus/Homem. Não seria também correto dizer que na montanha santa, no topo ou no coração da contemplação, o finito se revela e se descobre no Infinito? Como o tempo ele não pode existir senão nesse Infinito e nessa Eternidade. O homem toma consciência de Deus que habita nele, o corpo, a alma e o espírito se abrem à luz incriada que lhes dá existência. O homem está em Deus, Deus está no homem, a terra está no

---

26. Cf. Lc 9,29.

céu (o espaço), o céu está sobre a terra. O topo da montanha é o lugar onde a terra e o céu se reencontram, ou melhor, descobrem que jamais estiveram separados. O espaço da contemplação, "esse obscuro e luminoso silêncio", é o lugar onde Deus e o homem se reencontram, ou melhor, descobrem que jamais estiveram separados. Não há Deus sem homem para encarná-lo, não há homem sem Deus para transfigurá-lo, um existe pelo outro. "Eu e o Pai" somos um, dirá Yeshua. Eu sou e a fonte do "Eu sou" são um, assim como o rio, a fonte e o movimento do rio são um (Pai-Filho-Espírito). Na contemplação, matéria e luz não são separadas, também não são confundidas. Cada uma guarda sua identidade, mas essa identidade é relação, interdependência.

Não devemos esquecer que as vestes também estão transfiguradas, elas estão, como diz o texto, "brancas como a luz". A luz não é branca, é invisível, não pode ser vista – para ser branca ela precisa de um véu, de um revestimento. O prólogo de São João esclarece: "A luz brilha nas trevas", *phos skotia phainen*; *phainen*, o verbo que vai dar origem à palavra "fenômeno" e, mais tarde, a "fenomenologia". A luz precisa de uma "sombra" (*skotia*), de uma matéria para se tornar um "fenômeno", uma aparição, e depois uma aparência. Os véus, como a veste, o corpo, a matéria são as realidades finitas, transitórias, por meio das quais o Real Soberano se manifesta, torna-se um "fenômeno". A transfiguração é esse momento em que os fenômenos nos aparecem em suas transparências, não são mais obstáculos, revestimentos obscuros, mas os véus transparentes onde a luz invisível se revela de maneira possível e suportável para nossos olhos. As vestes de Cristo simbolizam aqui o cosmos, os elementos da natureza, onde a presença do Logos é manifestada para os olhos capazes de vê-la. É o que acontece ao peregrino russo quando se mantém no coração de sua prece e de sua incessante invocação do nome de Deus encarnado: Yeshua. Todas as coisas lhe aparecem luminosas, encantadoras, testemunhos do Amor de Deus por tudo que existe, o Amor de YHWH/o Ser, em tudo que faz ser, viver e respirar. A transfiguração nos lembra a santidade ou a santificação possível da matéria. Nada do que existe não deve ser rejeitado ou desprezado, isso seria privar o Real Soberano de uma possível teofania.

Está bem claro que isso acontece "diante deles", diante de seus olhos. Se seus olhos não estivessem ali, não haveria nada para ver. Mas se seus olhos estão ali, se o homem existe com um coração, um corpo e um espírito, é para ver isso: a luz que está no homem, na terra e nos "multiversos", a luz que está em tudo e em todos.

Moisés e Elias

Na visão dessa luz em que tudo poderia se reabsorver aparecem duas grandes testemunhas que precederam os discípulos nessa elevada contemplação. "E eis que lhes aparecem Moshe (Moisés) e Eliyahu (Elias), eles conversavam com Yeshua". Na luz da pura presença de YHWH/Deus, o Ser que é Aquele que é, não há mais tempo, ou todos os tempos são um único "presente". Os acontecimentos do passado e do futuro são contemplados no "instante" (*kairós*). Moshe e Eliyahu podem então aparecer ao lado de Yeshua, são testemunhas da mesma experiência que conheceram "em seu tempo". Moisés na montanha santa do Sinai, ali onde YHWH/Deus se manifestou para ele "do seio do fogo, da nuvem e das trevas"[27]. "Foi ali que 'YHWH/Deus mostrou-lhe sua glória'[28] e transmitiu-lhe o ensinamento. Ele traduziu em dez palavras o que, por sua vez, deveria transmitir

---

27. Dt 5,22. Os Padres traduzem "na treva superluminosa" ou em um "obscuro e luminoso silêncio" (Dionísio o Areopagita).

28. Dt 5,24.

a seu povo"[29]. Antes, Moisés fora testemunha de um evento semelhante ao vivido pelos discípulos no monte da transfiguração. O conhecido episódio da sarça ardente 'que arde sem se consumir' e em que YHWH/Deus vai revelar seu nome: 'Eu sou, Eu serei'[30]. A sarça simboliza o cosmos. Alguns dirão: o corpo de Moisés em meditação como lugar onde se manifesta a presença do Ser que faz ser tudo que é. Se essa presença, como um fogo, arde e ilumina todas as coisas a partir de dentro, sem consumi--las, podemos dizer que a presença do Si ilumina e desperta o eu, ela não o destrói. A presença do Infinito ilumina e desperta o finito, mas não o destrói – o finito aparece simplesmente em seu devido lugar no Infinito.

A presença do "sem forma" ilumina e desperta a forma, mas não a destrói, assim como o espaço que torna habitável a casa não destrói as paredes que a constituem, mas também não é destruído quando estas desmoronam. São muitas as metáforas para compreender o que Pedro, Tiago e João veem nessa sarça de humanidade que é o corpo de seu *Enseigneur*. Veem nela Deus no homem, o "Eu sou" que é "anterior a Abraão" (Yeshua já lhes dissera)[31], "o Eu sou quem eu sou" da divindade: "Aquele que era, que é e que vem"[32]. E na montanha do Gólgota, eles lembrar-se-ão mais uma vez dessa sarça quando virem Yeshua "coroado de espinhos". Essa sarça espinhosa de onde emerge a face de Cristo é a lembrança da presença daquele que é não apenas luz, mas Luz da luz: puro e invisível Amor. O corpo de Yeshua é para os discípulos o que foi a sarça ardente para Moisés, uma teofania, uma presença ardente que os queima mas não os

---

29. Cf. Dt 5, Ex 20,2-26.

30. Ex 3,15.

31. Cf. Jo 6.

32. Cf. Ap.

consome, a presença mesma do "Eu sou", Luz – Vida – Amor – Trindade santa, que habita as profundezas do eu deles. E é essa presença, assim como para Moisés, que os incitará a cuidar de seus irmãos em sofrimento e em cativeiro para conduzi-los para essa mesma luz de que foram as testemunhas; "Eu sou, Yeshua, enviou-me até vós". E como Moisés transmitia a lei, eles terão de transmitir sua realização nas bem-aventuranças, e traduzir em seus atos a essência mesma da lei recebida no Sinai ou na elevada montanha da contemplação.

Não há lei sem amor, como não há amor sem lei. Moshe (Moshe Rabbenu, dizem os judeus, Moisés nosso mestre) e Yeshua (Rabbi – Rabbuni, nosso mestre, nosso mestre bem-amado, dizem os cristãos) têm a mesma mensagem e a mesma esperança: "Tu amarás" – "Tu amarás o Senhor teu Deus de todo teu coração, de toda tua alma, de toda tua força, de toda tua inteligência, e tu amarás teu próximo como a ti mesmo"[33]. É com essa luz que os discípulos devem iluminar seus passos e iluminar seus pensamentos, seus desejos e seus atos. Yeshua deixará bem claro que não vem para abolir a lei e os profetas, mas vem para realizá-los. "Pois em verdade eu vos digo, o céu e a terra passarão, antes que um *yod* (*iota*), ou um traço da Torá passe"[34]. Para além de seu cumprimento, convida até mesmo seus discípulos a irem além da Torá e de sua justiça[35] até a prática impossível sem o dom de seu Espírito do "amor aos inimigos" pelos quais tornam-se semelhantes ao "Eu sou", o Ser que é justiça e misericórdia, luz e amor[36].

---

33. Cf. Mt 22,34-40, Mc 12,28-31, Lc 10,25-28, para o Evangelho, Dt 6,5 e Lc 19,18.

34. Mt 5,17-18.

35. Mt 5,26.

36. Mt 5,42-48.

O ensinamento e a experiência dos profetas são simbolizados aqui pela presença de Eliyahu (Elias). Foi nessa mesma "montanha de Deus", que alguns chamam de Horeb, outros de Sinai, que Eliyahu, assim como Moche, viveu o encontro com YHWH/Deus "Eu sou" contigo. Foi depois de uma longa marcha e de momentos de desespero e de cansaço[37] que Eliyahu chegou ao lugar da teofania. YHWH/Deus não se revela a ele como um furacão, uma tempestade, um terremoto ou um fogo consumidor, mas como uma leve brisa, "o silêncio de um sopro sutil"[38]. E este é um ensinamento importante, porque, depois de Elias, os discípulos terão de se defrontar com os falsos profetas de um Deus fantástico, maravilhoso ou aterrador, um Deus "exterior" ao homem e ao mundo, uma transcendência que amedronta ou que aniquila. O Deus que se manifesta a Eliyahu, que se encarna em Yeshua e do qual os discípulos terão de ser as testemunhas, é uma transcendência leve e silenciosa, "como uma brisa", uma transcendência imanente que desperta o coração e o espírito do homem sem jamais pressioná-lo ou forçá-lo. Um Deus criador de liberdade e não de fanatismo ou de servidão, esse "silêncio de um sopro sutil", não é o Espírito Santo prometido por Yeshua aos que escutam e praticam seu ensinamento? Não é esse Espírito que transformará "seu corpo de miséria em corpo de luz"?[39] Não é na quietude e no silêncio dos pensamentos que o espírito pode conhecer o despertar à clara luz? Não é na quietude e no silêncio das paixões e das emoções que o coração pode experimentar a compaixão que está no coração do próprio Cristo? Não é na quietude e no silêncio das pulsões e das sensações que o corpo pode saborear da maneira mais sutil

---

37. I Rs 19,5-8.

38. I Rs 19,12.

39. Cf. Rm 5,21.

a presença da Vida? O Espírito, o Sopro que se revelam a Elias, não é o próprio Sopro do Ser infinito que transfigura nossos seres infinitos e nos dá esse discernimento que permitirá que não façamos de nenhuma realidade, de nenhuma experiência relativa, um absoluto? A luz que nos liberta de todos os ídolos? "Quem é como Deus?" Só Deus é Deus, não há outra realidade que a Realidade, outro "Eu sou" que "Eu sou/Eu serei" agora e para sempre. Moshe, Yeshua, Eliyahu, mesma luz, mesma mensagem. A lei, o Evangelho, os profetas, os três são Uno, o único Logos, a única informação criadora "por quem tudo existe e sem quem nada existe" – *sine ipso nihil*?[40]

Pedro, Tiago e João, trindade terrena, são o espelho e o eco dessa trindade celeste; o corpo, o coração e o espírito são o espelho e a encarnação temporal da Vida, da Consciência e do Amor, infinitos e eternos. "Apareceu em sua glória, eles falavam de seu 'êxodo' que ele iria cumprir em Jerusalém"[41]. Moshe, Yeshua, Eliyahu, estão juntos na glória, *kavod*, na plena luz, radiante da presença de YHWH/Deus, e conversam sobre o êxodo de Yeshua para Jerusalém, de sua descida para o vale onde vai ser crucificado, ali onde deverá subir uma outra montanha para reencontrar a luz, aquela de sua cruz, de sua força, pois o sofrimento, a agonia e a morte são também montanhas a atravessar se quisermos conhecer a luz da ressurreição.

Este "êxodo" da glória, da presença divina, é o próprio êxodo da matéria do cosmos que deve abandonar sua essência luminosa para se manifestar em energias menos claras e cuja opacidade às vezes nos faz esquecer a origem. Esse êxodo é aquele mesmo de Deus que sai de si mesmo: "Eu era um tesouro oculto, quis ser conhecido". A luz para se fazer conhecer, para se tornar um

---

40. Cf. Jo 1,1-18.
41. Lc 9,31.

fenômeno, deve se exilar na matéria: seu exílio é também o processo pelo qual se revela. É assim que vai se revelar em Yeshua, por meio desse exílio de sua divindade, o Amor que é esta divindade. A essência mesma da luz é Amor, é a teofania do Gólgota. As duas montanhas são uma, é o mesmo Ser: YHWH/Deus que se revela na sarça de humanidade de Yeshua, no silêncio de seu sopro dado no momento em que "entrega seu Espírito" (*Pneuma*); e, por isso, ele pode "conversar" com Moisés e Elias, pois também estes conheceram dolorosas descidas da montanha. Para Moisés, quando desceu trazendo as palavras recebidas na luz e descobriu seu povo prosternado diante dos bezerros e de outros ídolos, pois incapazes de se elevar para além do visível, a queda é dolorosa. Ao quebrar as tábuas da lei, é também seu coração e sua inteligência que se quebram diante de tanta ignorância e ingratidão. Quanto a Elias, depois de ter sido envolvido pelo "canto de um puro silêncio", como poderia suportar os gritos, as imprecações e o palavrório dos falsos profetas?

Ao contrário de Moisés e de Elias, não é pela violência que Yeshua irá reagir. Diante da injustiça, das mentiras, das calúnias e da covardia daqueles que vai encontrar no vale, ele não responderá ao crime com o crime, tentará uma nova prática, um exercício inédito que lhe será inspirado pela fonte de todas as luzes: o amor aos inimigos. Como o fogo, tomará para si todas as imundices, todos os escarros que lhe são lançados no rosto, as madeiras apodrecidas de seu cadafalso alimentarão nele a chama. Com seu êxodo, sua saída da luz e da pura presença, revelará com sua paciência (sua paixão) uma luz mais elevada, uma presença mais pura, aquela que brilha no coração das trevas e que nenhuma treva pode alcançar ou apagar, a do Amor mais forte do que a ignorância, a violência e a morte. A luz da *anastasis*, luz da ressurreição que é o segredo da luz da *metamórphosis*, a transfiguração. Será que Pedro, Tiago e João pressentem tudo isso, pressentem o Real, quando saem de seu abatimento e de seu sono e então "despertos, veem sua glória e as duas testemunhas que estão com Ele"?

O "delírio" de Pedro: da tenda à nuvem

"Pedro diz a Yeshua: "Mestre, é bom que estejamos aqui. Façamos então três tendas, uma para ti, uma para Moisés e uma para Elias"", ele delirava (ou "não sabia o que dizia").

Alguns leitores e comentaristas do Evangelho pensaram que Pedro, ao falar das "tendas", evocava essas cabanas de ramos onde os judeus se abrigam durante a Festa de *Sukkot* chamada justamente a "Festa das Tendas", lembrança do tempo em que, no deserto, os hebreus viviam em tendas, espécie de encenação litúrgica do êxodo – esse êxodo que juntos Moshe, Yeshua e Eliyahu acabam de evocar. Segundo o Profeta Zacarias, no fim dos tempos as nações virão se prostrar na presença de YHWH/Deus em Jerusalém durante a Festa das Tendas[42]. Talvez Pedro pense no Salmo "Senhor, quem residirá sob a tenda? Quem habitará em tua montanha santa?"[43] Não está assim expressando a nostalgia de todo seu povo? E não é por ocasião da Festa das Tendas que Yeshua declara: "Eu sou a luz do mundo, aquele que me segue não andará nas trevas, mas terá a luz da Vida"?[44] Por que os evangelistas dizem que Pedro não sabe o que diz, que delira? Sua "loucura" não seria a de querer "parar" o tempo, "suspender seu voo", reter o rio que corre, impedir a impermanência de todo acontecimento? Ou quem sabe querer recolocar o desconhecido e o incognoscível nas categorias do conhecido? Os físicos contemporâneos nos dizem que não podemos recolocar nas categorias da lógica newtoniana a realidade da luz quântica; quer seja com tendas ou com

---

42. Zc 14,16-19.
43. Sl 14(15),1.
44. Jo 8,12.

conceitos, não podem conter uma realidade que os ultrapassa inteiramente – o que é verdade em um nível de realidade não é mais em outro. Pedro desejava recolocar ou manter no mundo sensível o que o transcende, "conter o oceano em uma conchinha", fazer entrar em nossas tendas de pele a luz inacessível.

Essas três tendas podem nos levar a pensar igualmente nesses três estados de consciência que são a vigília, o sonho e o sono profundo, nos quais reside a Consciência Una, mas em si mesma essa pura Consciência permanece livre em relação aos planos de realidade e dos estados de consciência nos quais ela se manifesta. A luz que torna todas as coisas visíveis permanece ela mesma invisível, trata-se de reconhecê-la como inapreensível. E ao querer retê-la, Pedro fracassa, assim como os peregrinos de Emaús, que verão o Cristo ressuscitado desaparecer no exato instante em que o reconhecem, na fração do pão. Basta querer pegar Deus para que ele desapareça, basta querer pegar a luz para que sua evidência nos escape. O espaço não se deixa pegar nem medir com nossas mãos, ele nos envolve, estamos nele: e então depois da imagem da tenda vem a da "nuvem". Não podemos manter a transcendência em nós, como não podemos conter o infinito na tenda de nossos limites, mas podemos permanecer na luz, estar abertos à transcendência, habitar no infinito. É isso que vai simbolizar a "nuvem" que é nossa verdadeira tenda, a presença (*shekhinah*) luminosa e obscura na qual permanecem Moshe, Yeshua, Eliyahu: "Deus conosco".

"Eis que uma nuvem luminosa os cobriu com sua sombra". O que chamamos luz no sentido físico do termo não é senão o reflexo dos fótons sobre um obstáculo, quando não há obstáculo a luz desaparece, o coração da luz é preto. Será essa a experiência vivida pelos discípulos quando não têm mais ego, mais obstáculos para que neles se reflita a Consciência? Será essa a experiência da noite escura, a nuvem de que fala São João da Cruz, uma luz que cobre com sua sombra? Entramos aqui em um mundo paradoxal que participa ao mesmo tempo do mundo da claridade, do invisível e do mundo do visível, da densidade. Não é precisamente o que chamamos mundo imaginal, intermediário entre o sensível e o inteligível? Consciência intermediária entre a pura consciência imaterial e a consciência carnal "material"? O mundo da alma ou da psique, que se situa entre o mundo do espírito (*nous*) e o do corpo (*soma*). A nuvem simboliza esse nível de realidade intermediária onde o Espírito se materializa e onde a matéria se espiritualiza. Sem esta "nuvem" que faz o elo entre YHWH/Deus e o homem, isto é, sem o Espírito Santo ou a Sabedoria, Deus seria sem corpo e o corpo sem Deus. A fonte seria cortada de seu rio, e o rio cortado de sua fonte.

A nuvem de que nos fala o livro do Êxodo "fazia sombra" acima dos filhos de Israel durante o dia, e era um fogo que os iluminava durante a noite[45]. A nuvem é sombra e luz, obscuro e luminoso silêncio. Paradoxo de uma presença que nos torna participantes da natureza divina (como indica a Primeira Epístola de Pedro) sem perder nossa natureza humana, uma presença que nos abre ao Infinito sem que abandonemos nossa finitude. É interessante relacionar a palavra "tenda", *skené* em grego, e a palavra "presença", *shekhinah* em hebraico, da raiz *shakhan* que quer dizer "permanecer", "assentar", "habitar". O Evangelho de João diz explicitamente que Yeshua é a *shekhinah*, a presença de Deus entre os homens e que "ele armou sua tenda entre nós" (em grego: *eskenosen*).

A nuvem é igualmente um símbolo do Espírito Santo que conduz o povo através do deserto, a nuvem é nossa tenda, nossa verdadeira morada. É no Espírito Santo que deveria residir nossa inteligência, nosso coração e nossa sensibilidade, pois é Ele que pode fazer de nós "mães de Deus". Sobre Maria relata-se que "o Espírito Santo a cobriu com sua sombra" e que foi nessa

---

45. Cf. Ex 40,38.

"nuvem" que o Logos foi engendrado e que revestiu sua túnica de carne. É também o que se passa na montanha da transfiguração. Os discípulos estão na nuvem que os acolhe em sua sombra para que a própria luz do Filho possa neles nascer. Não basta ver a luz, é preciso se tornar a Luz. Aquela que na montanha eles contemplaram no exterior deve se tornar interior na gruta "do coração" (cf. Elias), para que em qualquer tempo, em qualquer lugar, andem nessa luz e não tenham medo quando as forças das trevas se aproximarem.

Assim como no dia do batismo de Cristo o Espírito Santo desceu sobre ele na forma de uma pomba, ele desce hoje sobre os discípulos na forma de nuvem; tenda sutil onde se unem o criado e o Incriado, o visível e o Invisível, o Infinito e o finito. Ali onde o Deus/homem, ou o homem/Deus, é engendrado; no dia de sua transfiguração como no dia de seu batismo, a voz da Origem de tudo que vive e respira, a fonte do visível e do invisível, "a voz do Pai" se faz ouvir.

Olhe – escute

"Eis uma voz na nuvem: Este é meu Filho, o bem-amado, nele minha alegria. Escutai-o". Os discípulos, depois de ascender e de contemplar Cristo transfigurado na luz em companhia de Moisés e de Elias, entraram na nuvem onde Cristo se esquiva de seus olhos. Ele não é então mais percebido do exterior ou no exterior, torna-se a intimidade deles, o "segredo" da humanidade "teantrópica" "divino-humana" deles. E como Elias que, do coração da nuvem, ouviu "uma voz de um fino silêncio", eles ouvem essa palavra que já ressoou quando do batismo de Cristo e que já estava inscrita na vida do povo de Israel: "Tu és meu filho, hoje eu te engendrei"[46]. Os evangelhos da transfiguração esclarecem: "Meu filho bem-amado, eleito, nele minha alegria".

---

46. Cf. Lc 3,22.

Dominique Cerbelaud, em um comentário desse Evangelho[47], esclarece que esses títulos de bem-amado e de eleito não têm nada de tranquilizador! "Na verdade, biblicamente falando, a postura do eleito ou a do bem-amado não tem nada de confortável: 'Eis meu servo que eu sustento, minha alma se compraz em meu eleito'[48]. Mas o que acontece a esse personagem? Só encontra oposição e violência, a tal ponto que, geralmente, é designado como 'servo sofredor'"[49]. Jesus foi realmente identificado a esse servo[50], que também pode ser compreendido como uma figura coletiva que representa o conjunto do Povo de Deus. Aliás, é este último que representa o verdadeiro ponto de partida, pois é no seio de "Israel seu servo"[51], desse "Povo eleito", de "Israel seu bem-amado"[52] que surgem algumas figuras individuais assim qualificadas, de Abel a Jeremias, de José a Davi. Uma observação: mesmo o nome deste último, que o Senhor também designa como "seu eleito"[53], significa "o bem-amado" (hebraico *dod*)! E Salomão, seu filho, também receberá um "nome secreto" por parte de Natan, formado da mesma raiz e significando "o bem-amado do Senhor", *Yedidyah*[54]. Felizmente para ele, esse nome deveria permanecer secreto... Mas estranhamente, segundo o testemunho da Escritura, os personagens designados por esses títulos suportaram, sem exceção, a contradição, e mesmo a perseguição. Aparentemente, não é bom adotar a postura do

---

47. CERBELAUD, D. *Sainte Montagne*. Lethielleux, 2005.

48. Is 42,1.

49. Cf. esp. Is 52,13–53,12.

50. Cf. Mt 12,15-21; At 8,26-35 etc.

51. Lc 1,54.

52. Br 3,37.

53. Sl 88(89),4.

54. Cf. 2Sm 12,25.

servo eleito e bem-amado: Jesus fez essa experiência até a cruz, e o povo de Israel ao longo de sua história...

Uma explicação vem imediatamente ao espírito: diante do eleito acreditamo-nos rejeitados, diante do bem-amado imaginamo-nos mal-amados. Ou seja: o mecanismo do ciúme logo entra em ação. Deixemos claro que nada no texto bíblico vem corroborar essa rejeição ou esse desamor, que sempre se assemelham a uma fantasia! Mas é notável ver aparecer esse tema do ciúme, mesmo em relação a episódios em que nada o sugere; assim, se o Senhor "olha" (e não "aceita", como muitas traduções escrevem!) a oferenda de Abel antes da de Caim (cujo texto, simetricamente, nunca diz que ele "não a aceita"...), é simplesmente porque há diante dele duas oferendas distintas, o que constitui, por parte dos dois irmãos, uma falta. E, além disso, o texto não evoca o "ciúme". O que não impedirá Clemente de Roma, desde o fim do século I, de citar essa passagem comentando-a assim: "Irmãos, vós sois testemunhas, o ciúme e a inveja provocaram um fratricídio"[55].

No caso de Jesus, o texto do Evangelho nos diz secundariamente que Pilatos "sabia que os grandes sacerdotes o tinham entregado por ciúmes"[56] – uma notação cujas confirmações nos seriam bem difíceis de encontrar no resto do relato! Seja como for, se por sua vez os cristãos se apresentam como "os eleitos de Deus, seus santos e seus bem-amados"[57], "devem saber que de forma alguma trata-se de um privilégio, mas que podem esperar seguir, se for o caso, o mesmo caminho"[58]. Essa leitura permanece, no entanto, exterior ao que os discípulos podem estar

---

55. I Clem. 4,7.

56. Mc 15,10; cf. Mt 27,11.

57. Cl 3,12.

58. Cf. CERBELAUD, D. Sainte Montagne. Op. cit. p. 87-89.

vivendo nesse instante. Na nuvem (*shekhinah*, sabedoria), isto é, na presença do Espírito Santo, eles "realizam" a "filiação divina" como sendo a verdadeira natureza deles, a que é no princípio, em que o Logos é *pros ton Theon*, "o verbo é voltado para Deus"[59].

Descobrem seu ser na imagem da "unitrindade", estar em relação; a essência da humanidade deles não é uma substância, mas uma relação infinita, são filhos com o Filho, voltados para o Pai, eu sou com Eu sou, no Sopro santo, em relação com a origem, o princípio, a fonte de tudo que vive e respira. Minha vida e a fonte de minha vida não estão separadas, "o Pai e eu, nós somos um". É importante esclarecer: o Pai, eu e o que faz o elo entre o Pai e eu (a nuvem, o Espírito Santo) nós somos Um. Para ser um, é sempre necessário ser três. Deus não é um, "como um sublime celibatário" (*dixit* Chateaubriand), mas é um como o amante, o amor e o amado são Um. Ele é Um em relação. Não é um outro monoteísmo que nos é revelado na montanha da transfiguração, é o próprio coração do monoteísmo. "Seu segredo", sua face oculta, o Ser que é o que é, Ele é relação, interdependência, Ele é Amor. Se não se abrem a essa dimensão intradivina, os monoteísmos correm o risco de se tornar monolatrias, se confessam o Ser-um sem confessar o Ser-relação, o Ser-amor, que poderíamos traduzir também em um diálogo dos nomes mais sagrados: YHWH-Ágape, Allah-Abba, os crentes não são os crentes de um Deus vivo, mas os idólatras de uma mônada sublime. Uma elevada ideia de Deus sem dúvida, mas sempre uma ideia, e, como sabemos, as palavras "ideia" e "ídolo" têm a mesma raiz.

Como dizia Agostinho, há por vezes um longo caminho a percorrer entre conhecer Deus, acreditar nele e amá-lo. De que vale falar de Deus, ter dele grandes visões, se não podemos ou se

---

59. Jo 1,1.

não queremos vivê-lo, se sua luz não se torna a carne de nossa carne, o Pensamento de nossos pensamentos, o Ato de nossos atos, o Amor de nossos amores? "Vós em mim, eu em Vós", "como eu, eu estou no Pai e como o Pai está em mim, no e pelo Espírito Santo". É esse Espírito, essa nuvem que os discípulos devem interiorizar, para que a vida deles seja doravante a do Filho, do bem-amado, em quem reside a alegria do Pai.

Essa alegria, ela não deverá ser esquecida, pois quaisquer que sejam as provas que o eleito, o servo sofredor, deva suportar, essa alegria que é para Ele a presença do Pai está sempre ali, mesmo quando a sensação ou o sentimento da relação parecem lhe ser retiradas. "Pai, por que me abandonaste?" Esta citação do Salmo 22, como sabemos, continua assim: "Mas eu sei, tu estás sempre comigo": que eu o sinta ou não o sinta, Tu és o que tu és, Tu estás comigo, estou Contigo. Não é nem uma luz sensível nem uma luz psíquica que nos alimenta, é a luz da nuvem: obscura e luminosa presença. É a luz do Espírito (do *pneuma o Théos*): o Espírito é a alegria oculta dessa intimidade do Pai e do Filho, mas também do criador e da criatura, do ser finito e do Ser Infinito, do Ser temporal e mortal, e do Ser não mortal eterno. É a alegria da não dualidade, ou da unitrindade, não pensada mas vivida. O que os discípulos devem fazer então? Escutar! Permanecer na escuta dessa "luz obscura", dessa alegria, dessa relação, que habita as profundezas do ser de cada um deles, e, como Abraão, "andar em sua presença e estar realizado"[60]. "*Shemá Israel*", é o grande exercício transmitido por Moisés, pela Lei e pelos Profetas. Deixar-se guiar por essa "voz de um fino silêncio" que é preciso escutar no fundo de si e de todos os ruídos e tumultos do mundo, escutar, mais profundo do que todos os ruídos, esse silêncio de onde vêm todas as palavras, de onde

---

60. Gn 17,1.

vêm todos os pensamentos, todos os sopros e para onde retornam todos os pensamentos, todos os sopros, "e quando subitamente olharam ao redor, viram que ali só estava Yeshua e mais ninguém", "quando ergueram os olhos, não viram mais ninguém além de Yeshua".

Enquanto desciam a montanha, Yeshua lhes fez esta recomendação: "Não falem a ninguém sobre a visão, até que o Filho do homem tenha ressuscitado de entre os mortos". "Não lanceis vossas pérolas aos porcos!" O conselho de Yeshua já não era um alerta quanto à reserva que devemos ter quando se trata de compartilhar nossa vida mais íntima e mais interior? Certas experiências só devem ser comentadas com aqueles que podem compreendê-las, do contrário podem ser interpretadas de modo negativo, errado ou redutor. Deve-se falar com aqueles que têm discernimento, que sabem que uma pérola não é para comer nem para consumir, e que se o fizerem correm o risco de quebrar os dentes. É por misericórdia que Yeshua pede que não sejam dadas aos porcos. Pois se machucariam e destruiriam um tesouro. Uma pérola, embora possamos nos alegrar com sua luz, nem por isso torna-se comestível, como certas experiências no entanto bem reais, mas que permanecem incompreensíveis até para aqueles que as viveram. Será preciso tempo para que os discípulos compreendam e integrem o que acabam de ver e de viver. Só encontrarão as palavras para dizê-lo depois que a revelação que lhes foi feita passar pela experiência da paixão, da morte e da ressurreição. A luz tornou-se novamente invisível sobre o rosto de Yeshua, eles o veem novamente em sua simples humanidade: nem Moisés nem Elias, nem nuvem nem voz do Pai, nada além de um homem.

Mas sabem, doravante, que aquele que verdadeiramente viu um homem viu também seu Deus. "Tu vês teu irmão, tu vês teu

Deus", diz o adágio dos antigos. Deus e o homem não estão confundidos, também não estão separados; com relação a Yeshua, no entanto, ainda não é sobre dogmas que estão a falar: "ele é verdadeiramente Deus e é verdadeiramente homem sem confusão e sem separação". É isso que já sentem e, quando o virem sofrer na cruz, verão que, à questão do mal, da violência e do assassinato dos inocentes, esta é a única resposta possível e não uma teoria ou um pensamento. "Como Deus pode permitir isso?" Mas de que Deus estamos falando? No Evangelho, Deus não tem outra resposta que o próprio Yeshua, sua encarnação, ele é esse filho, esse inocente que matam e que maltratam. Deus não é a causa do mal, é sua vítima, ele é o Amor que não é amado. Deus não permite o mal, sofre com o mal. "Ele está em agonia até o fim do mundo", mas muito melhor seria se calar, nada dizer sobre tudo isso, assim como Yeshua pede ao descer da montanha, é preciso esperar que tudo seja revelado, que tudo tenha desmoronado para descobrir junto com João em seu Apocalipse que "tudo desmorona, menos a Vida".

O amor morre incessantemente, ainda não é amado, mas todos os dias ressuscita, todos os dias mostra-se como a única verdade, mais forte do que o sofrimento, a violência, a ignorância e a morte. Nada podemos contra a força invencível do humilde Amor, é a potência do Cordeiro; esse Cordeiro, esse inocente que é a única luz que subsistirá no mundo futuro simbolizado pela Jerusalém celeste. Nessa luz do Cordeiro, luz do Amor são recapituladas as três luzes da transfiguração, da paixão e da ressurreição. É a luz do coração aberto, ferido, mas vivo; "degolado, mas em pé".

"Templo (ou tenda), não os vi na cidade, pois seu templo (sua tenda) é YHWH/Deus *Pantocrator*, em tudo e em todos, assim como o Cordeiro. A cidade não precisa nem do sol nem da lua para iluminar, pois a glória (a *kavod*, a *shekhinah*) de

YHWH/Deus a ilumina e sua tocha é o Cordeiro, as nações marcharão sob sua luz"[61].

Venha, veja, escute, vá

Se quiséssemos resumir em algumas palavras o caminho da *metamórphosis* ou transfiguração do ser humano proposto pelo Evangelho, isso poderia caber nessa tetralogia: venha, veja, escute, vá.

Venha: é o chamado do Ser a ser, a se elevar, a se abrir, a despertar para a luz. Ele se revela antes como um caminho de ascensão, de abertura, de realização e de travessia de todas as luzes, da luz sensível, a luz do dia (*dies*), até a luz incriada, a luz de Deus passando pelas luzes da razão, da imaginação, da intuição. Todo nosso ser – corpo, alma e espírito, sentido, afetividade, intelecto (Pedro, Tiago, João) –, pela ação, pela emoção e pela contemplação, pode entrar na luz. A ascese da respiração, das paixões e dos pensamentos nos afasta dos divertimentos e das dispersões e nos reconduz ao essencial para nos orientar para o mais elevado, o melhor, o ápice de si mesmo, pois aquele que se conhece a si mesmo conhece seu Senhor, seu Ser soberano, sua Luz soberana.

Veja: depois dessa subida, trata-se de "ver" essa luz, de contemplá-la e de descobrir nela todos os tempos, todas as sabedorias da humanidade, lei, profetas (Moshe, Eliyahu). A presença

---

61. A esse respeito, seria interessante meditar sobre o que Henry Corbin diz sobre a nuvem em *Le soufisme d'Ibn Arabi* (Entrelacs, 2006, p. 200-201). Nuvem primordial, Imaginação teofânica, compaixão existenciadora são noções equivalentes, que exprimem uma mesma realidade original: O Ser Divino de que todas as coisas são criadas: a nuvem é criador-criatura. O criador, o Ser oculto invisível, a criatura, o Ser manifestado, o visível. A nuvem é o Ser Divino enquanto oculto "e" revelado. O primeiro "e" o último. "Ele" é Essência e Energia, diria Gregório Palamas.

encarnada (Yeshua) do "Eu sou", o Ser que é Aquele que é e que faz ser tudo que é (YHWH). Essa "visão" pode se tornar "delirante" quando cremos poder possuí-la, retê-la, permanece inapreensível e para além de toda explicação, de todo pensamento, de toda experiência. Quando não há mais "eu" para ver, a própria luz se apaga, permanece aquilo que é, esse além da luz e do obscuro, no coração do mais luminoso e do mais obscuro, que, depois do Antigo Testamento, o Evangelho chamou de nuvem. Na nuvem, o Ser se esconde e se esquiva. Será dito que, como Logos encarnado, Yeshua é "o visível do Invisível", "o arquétipo da síntese", a não dualidade do humano e do divino, e é nessa experiência não dual que os discípulos entram. No Espírito de Cristo (com Ele, por Ele) eles se experimentam na divino-humanidade deles em que a Vida, a Consciência e o Amor neles são experimentados como vida, consciência, amor. Eles são criados e incriados, temporais e eternos, finitos e infinitos. Divino-humanos.

Escute: ao aprofundar esta visão e esta experiência, o ser humano pode descobrir o fundo de seu ser, como relação mais do que como substância: ele não é um "Eu sou em si" mas um eu sou com você, um eu sou você, um "Eu/nós", "eu sou/nós somos". Descobre-se em relação com a fonte de seu Ser (seu Pai ou o "Pai da Causa", como dizia Plotino) e com todos os seres. Sem confusão e sem separação, pode permanecer na escuta dessa unidade, dessa aliança incessante do criado e do Incriado, do finito e do Infinito, simbolizada pela união de um Pai com seu Filho no Espírito/Sopro que os une, união e unidade vividas "até o fim", "até o extremo" por Yeshua durante sua vida terrena. No centro dessa experiência, dessa escuta atenta da presença que nasce incessantemente no fundo sem fundo de nosso ser, nossa visão do Absoluto é mudada, somos libertos de toda forma de apropriação do divino, de toda idolatria e monolatria. Não há outra realidade que a Realidade, seu Deus é também meu Deus. "Ele é a plenitude daquele que preenche tudo em todos".

Vá: o que dizer depois disso senão: "Vá*"? É com essa pequena palavra que poderíamos resumir todo o Evangelho. A todos aqueles que estão "aprisionados" na imagem – doenças, sintomas, pensamentos, memórias, rancores, culpabilidade –, Yeshua diz: "vá", "mova-se". Foi desse modo que conseguimos traduzir as bem-aventuranças: "Movam-se os pobres, movam-se aqueles que choram, os perseguidos, os famintos de justiça, os artesãos da paz, os corações puros..." A doença, em hebraico *mahala*, quer dizer "girar em círculos", estar aprisionado: a vida não circula mais, o movimento da vida, da consciência e do amor pode ser paralisado, fixado, aprisionado. Na montanha da transfiguração Yeshua diz mais uma vez essa palavra: "não tenha medo", "vá"! Não tenha medo de ter medo, pois o sofrimento, a violência, a ignorância, a perversidade, a injustiça, realmente existem, e a angústia, a sensação de ser abandonado são bem reais, mas transitórias, impermanentes. O sofrimento, a agonia, a morte, são "pascais", "maus momentos a passar". Mas "vá", mais um passo**, mais três passos (pela terra, pelo céu e pelos infernos); trespasse... "Sede passantes", diz o Evangelho de Tomé. A luz, a Infinita Consciência onde tudo se passa não passa. Vá, mantenha-se reto na luz que transfigura, ressuscitado, desperte tudo que é.

"Venha – Veja – Escute – Vá",

"Na luz

Você verá a Luz."

---

* Quando perguntaram na China a um velho sábio: "O que é o Tao", ele respondeu: "Vá!".

** *"Pessah"* em hebraico, a páscoa, quer dizer "dar um salto para frente", abrir um caminho.

Expansão ou elevação?

Será que nosso futuro é o de uma rã que, por inflação, quer se tornar tão grande quanto um boi? Ou o da lagarta que escutando as programações de sua natureza se metamorfoseia e se torna a borboleta que é desde sempre?

O humano se realizará pelo aumento e acúmulo de seus poderes ou pela abertura e participação em um maior do que ele?

Nosso futuro é o ciborgue *homo deus et machina* ou o humano transfigurado, divinizado pelo Infinito que o informa e o contém.

Não nos tornamos deus pelo aumento, nem imortais pela prolongação; tornamo-nos Deus pela participação em seu ser que é "Vida, Consciência, Amor".

A transfiguração é uma metamorfose que passa por uma abertura das portas da percepção, abertura não ao "pós" mas ao "mais" do que humano.

O "Espírito Santo que se une ao nosso espírito" não é uma prótese nem uma inteligência artificial. É a força da primavera que desperta nossos sentidos e faz florescer nossa afetividade e nossa inteligência.

CULTURAL

Administração
Antropologia
Biografias
Comunicação
Dinâmicas e Jogos
Ecologia e Meio Ambiente
Educação e Pedagogia
Filosofia
História
Letras e Literatura
Obras de referência
Política
Psicologia
Saúde e Nutrição
Serviço Social e Trabalho
Sociologia

CATEQUÉTICO PASTORAL

Catequese
Geral
Crisma
Primeira Eucaristia

Pastoral
Geral
Sacramental
Familiar
Social
Ensino Religioso Escolar

TEOLÓGICO ESPIRITUAL

Biografias
Devocionários
Espiritualidade e Mística
Espiritualidade Mariana
Franciscanismo
Autoconhecimento
Liturgia
Obras de referência
Sagrada Escritura e Livros Apócrifos

Teologia
Bíblica
Histórica
Prática
Sistemática

REVISTAS

Concilium
Estudos Bíblicos
Grande Sinal
REB (Revista Eclesiástica Brasileira)

VOZES NOBILIS

Uma linha editorial especial, com importantes autores, alto valor agregado e qualidade superior.

VOZES DE BOLSO

Obras clássicas de Ciências Humanas em formato de bolso.

PRODUTOS SAZONAIS

Folhinha do Sagrado Coração de Jesus
Calendário de mesa do Sagrado Coração de Jesus
Agenda do Sagrado Coração de Jesus
Almanaque Santo Antônio
Agendinha
Diário Vozes
Meditações para o dia a dia
Encontro diário com Deus
Guia Litúrgico

CADASTRE-SE
www.vozes.com.br

EDITORA VOZES LTDA.
Rua Frei Luís, 100 – Centro – Cep 25689-900 – Petrópolis, RJ
Tel.: (24) 2233-9000 – Fax: (24) 2231-4676 – E-mail: vendas@vozes.com.br

UNIDADES NO BRASIL: Belo Horizonte, MG – Brasília, DF – Campinas, SP – Cuiabá, MT
Curitiba, PR – Fortaleza, CE – Goiânia, GO – Juiz de Fora, MG
Manaus, AM – Petrópolis, RJ – Porto Alegre, RS – Recife, PE – Rio de Janeiro, RJ
Salvador, BA – São Paulo, SP